Unter der Krone

Süddeutsche Zeitung Edition

Das Staatswappen des Königreichs Bayern von 1835 ist auch das Familienwappen der Wittelsbacher. Das Land Bayern hat sich 1923 und 1950 neue Staatswappen zugelegt, jedoch in vielfältiger Anlehnung an das Vorbild von 1835

Unter der Krone

Das Königreich Bayern
und sein Erbe

Herausgegeben
von
Ernst Fischer und Hans Kratzer

Süddeutsche Zeitung **Edition**

Unter der Krone

Inhalt

Eine Vase mit der Darstellung der Schlacht
von Austerlitz, wahrscheinlich ein Geschenk
Napoleons an Max I. Joseph

Unter der Krone

Inhalt

Eröffnung der 1. Ständeversammlung am 4. Februar 1819 im ehemaligen Redoutenhaus in der Münchner Prannerstraße. Das Bild
wurde von einer fränkischen Schützengesellschaft in Auftrag gegeben

Impressum

© **Süddeutsche Zeitung GmbH, München**
für die Süddeutsche Zeitung Edition 2006

Herausgegeben von
Ernst Fischer und Hans Kratzer

Art Direction: Eberhard Wolf
Gestaltung: Wilhelm Raffelsberger, Stefan Dimitrov
Bildredaktion: Petra Payer

Herstellung: H. Weixler, H. Schiffers
Repro: JournalMedia GmbH, München
Druck: aprinta druck GmbH & Co. KG, Wemding
Printed in Germany
ISBN 10: 3-86615-331-7
ISBN 13: 978-3-86615-331-8

Bildnachweis: AKG Seite(n) 41; Arco Images/J. De Meester 70;
argum/SV 60; Artothek 53, 96, 174; Bayerische Schlösserver-
waltung 4, 5, 21, 22, 24, 27, 28, 33, 34, 42, 46, 48, 51, 77, 84,
86, 111, 112, 168, 170, 189; Bayerisches Armeemuseum 102;
Bayerisches Hauptstaatsarchiv 2, 142, 150; Bayerisches
Nationalmuseum 45, 130; Bayerisches Wirtschaftsarchiv 165;
Blanc Kunstverlag/SV 65, 83, 99; Henning Bornemann 163;
Bildarchiv Preußischer Kulturbesitz 8, 30; Bridgeman 100;
DB AG/Schmid 120; DB Museum Nürnberg 116, 118, 123;
ddp/Jörg Koch 186; ddp/Timm Schamberger 55; Rudolf
Dietrich/SV 82; dpa/Peter Kneffel 91; dpa/Stefan Puchner 185;
Ernst Roscher/privat 107; Festschrift St. Matthäus 173;
Dallmayr 164; Ed. Meier 162; Meiller 163 (2); Heinz Gebhardt
10, 50, 52, 73, 74, 78, 122; Robert Haas/SV 63, 179, 180 (2);
Alfred Haase/SV 14; Haus der Bayerischen Geschichte 114;
Andreas Heddergott/SV 163; Hilpert/SV 47; Kurt Huhle/SV
173; Meta Köhler/SV 155; Lenbachhaus 131; Monacensia,
Repro: Heddergott/SV 128; Günter R. Müller/SV 32, 152, 153;
Porzellanmanufaktur Nymphenburg 79, 160; Pressebild Poss/
SV 36; privat 47, 117, 156, 157, 158, 183 (3); Steiner/privat 18,
143; Stephan Rumpf/SV 72; Stefan Salger/SV 141; Scherl/SV
16, 37, 39, 54, 89, 94, 110, 115, 121, 126, 129, 131, 144, 146,
149, 159 (2), 171, 177; Simplicissimus 92, 135, 140; Stadtarchiv 78, 132; Stadtmuseum 12, 58, 80, 137, 151, Stadtmuseum
(Katalog) 124; SV-Bilderdienst 36, 57, 62, 66, 75, 78, 83, 88,
103, 105, 133, 135, 136, 138, 145; teutopress/SV 154; Josef
Wildgruber/SV 56, 59, 62, 76, 115; Wittelsbacher Ausgleichsfonds 106, 108, 167

Vorwort

Fundament des modernen Bayern

Die Erhebung zum Königreich musste schnell gehen, damals vor 200 Jahren. Napoleon drängte den bayerischen Kurfürsten. Nicht einmal die Throninsignien wurden rechtzeitig fertig. Auf dem Haupt getragen hat Maximilian I. Joseph die Krone nie, auch keiner seiner Nachfolger hat das getan. „Wir bleiben die Alten", beruhigte der König seine Umgebung und seine Untertanen. Ruhige Zeiten brachte die neue Würde nicht. Sieben Kriege, in wechselnden Allianzen, musste der erste bayerische König in 16 Jahren bestehen, um seine Macht und die neuen Grenzen seines Landes zu sichern. Die riskante Schaukelpolitik setzte sich fort, Bayern stand immer wieder zwischen den großen Mächten Europas.

Auf den Bürgerkönig Max I. Joseph folgte der kunstsinnige Exzentriker Ludwig I., dann Max II., der die Integrationspolitik seines Vorgängers fortführte, denn die Neubayern mussten erst von diesem Staat überzeugt werden. Dann kamen Ludwig II., der vor den politischen Herausforderungen in seine Traumwelt floh und tragisch endete, und der Prinzregent, den sie anfangs nicht mochten. Später stand er für die gute alte Zeit, aber auch für Stillstand und Versteinerung des Königreichs. Und schließlich Ludwig III., der „Millibauer", der 1918 vor den Revolutionären flüchten musste. Dies zwei Tage vor dem Kaiser in Berlin, und das im ach so königstreuen Bayern. Aber das Volk war kriegsmüde, der Glaube an den König war dahin. Die Dynastie der Wittelsbacher bestand fort, auch die Königstreue ist nicht ganz verschwunden – bei vielen freilich nur als ein vages Gefühl.

Bayerns Könige und ihr Erbe, das so sehr in der Gegenwart wirkt, standen im Mittelpunkt einer Serie im Bayernteil der Süddeutschen Zeitung. Nun liegt sie, textlich ergänzt und reich bebildert, als Buch vor. Es ist kein Blick zurück aus Nostalgie oder gar monarchistischer Schwärmerei, erzählt wird die spannende und lehrreiche Geschichte des königlichen Bayern. Es sind Geschichten von kriegerischen und friedvollen Zeiten, von Affären und Tragödien, von Wandel und Stillstand.

Unter Max I. Joseph und seinem Superminister Montgelas hat Bayern seine Gestalt und seine Organisation gefunden, ein Fundament, das heute noch besteht. Unter seinen Nachfolgern haben sich die Altbayern, die bayerischen Franken und Schwaben aneinander gewöhnt. Spätestens 1945 erwies sich dann die Integration als geglückt. Der weißblaue Freistaat ist der Erbe des weißblauen Königreichs und behauptet sich als ein besonderes Land im Reigen der heutigen Bundesländer und der Regionen Europas – geschichtsbewusst, eigenständig und eigenwillig.

Wir danken an dieser Stelle den Autoren, besonders Professor Hubert Glaser, der uns von Anfang an als äußerst kenntnisreicher und kritischer Ratgeber zur Seite stand. Wir danken dem Bayerischen Finanzministerium und der Bayerischen Schlösserverwaltung, namentlich Ministerialrat Bernd Schreiber, die uns beim Entstehen des Buches unterstützt haben. Nicht zuletzt danken die Herausgeber für den Zuspruch von Leserinnen und Lesern, die sich die Serie der Süddeutschen Zeitung als Buch gewünscht haben.

Ernst Fischer   *Hans Kratzer*

Ernst Fischer ist stellv. Chefredakteur der Süddeutschen Zeitung; Hans Kratzer ist Redakteur im Bayernteil der SZ und betreut dort u. a. Themen der bayerischen Geschichte, des Brauchtums und der Landeskunde

Heiratspolitik à la Napoleon:
In der grünen Galerie der
Münchner Residenz fand am
13. Januar 1806 die Zivil-
trauung von Max Josephs
Tochter Auguste Amalie, 17,
mit Napoleons Stiefsohn
Eugène Beauharnais statt.
Der Bräutigam, Vizekönig von
Italien, war nach München
beordert und schnell noch
vom Franzosen-Kaiser
adoptiert worden. Unter dem
Baldachin sitzen Napoleon
und Josephine sowie der
bayerische König Max I.
Joseph und seine Frau
Caroline, während Eugène
und die Königstochter sich
stehend die Hände reichen.
Das Paar führte übrigens
eine harmonische Ehe.
Ménageot malte das Bild
im Auftrag Napoleons

Griechenland in München:
Kronprinz Ludwig, der
spätere König Ludwig I.,
ließ von seinem Baumeister
Klenze die Gebäude des jetzigen
Königsplatzes errichten, und
zwar in der Art eines antiken
Forums, mit der Glyptothek,
der Antikensammlung und
den Propyläen

Blatt 1.

Bürger Militair.

1. Münchner Braut Wagen.

Musik Corps.

2. Braut Wagen vom Landgr. Starenberg.

3. Braut Wagen v. Lan...

5. Brautzug von Niederaudorf, Landgr. Rosenheim.

Wagen mit 6 Junggesellen.

Wagen mit 6...

Festzug der 35 Bra...

zur Vermählungsfeyer Sr. Königlichen Hoheit des Kronprin...
u. Jr. Königlichen Hoheit der Kronprinzeß Ma...
im Vorbeiziehen vor dem Königszelt bey dem Oktoberfeste in M...

Verlag von G. Kraus, Löwenstraße No 19. in M...

Gebirgs-Schützen Compagnie von Lengries.

Gebirgs-Schützen Compagnie v. Wakersberg.

Hochzeitbitter.

4. Braut Wagen v. Jssmaning Landgr. München.

Maximilian von Bayern,
on Bayern,
n den 16ten October 1842.

Die Hochzeit des Kronprinzen Maximilian, des späteren Königs Max II., mit der preußischen Prinzessin Marie am 12. Oktober 1842 in München war ein farbenfrohes Spektakel. Gustav Kraus dokumentierte den Hochzeitszug, zu dem weitere 35 Brautpaare niederen Standes aus ganz Bayern gehörten. Alle Paare trugen regionaltypische Tracht

Ein Kreuz im Starnberger See markiert
die Stelle, an der König Ludwig II.
am 13. Juni 1886 zusammen mit dem
Irrenarzt Dr. Gudden starb.
Noch heute wird das Andenken an
den so tragisch ums Leben gekommenen
Monarchen von den Königstreuen
in Bayern an diesem, aber auch an
anderen Orten hochgehalten

Prinzregent Luitpold auf dem Weg zur Gämsenjagd in Vorderriss im Jahr 1910. Er war zu dieser Zeit immerhin schon 89 Jahre alt. Luitpold war von Jugend an ein leidenschaftlicher Jäger. Sein Lieblingsrevier war neben Vorderriss das Berchtesgadener Land. Wenn der Herbst kam, wurde das Hofjagdlager ins Allgäu verlegt

Das letzte bayerische Königspaar
Ludwig III. und Marie Therese hatte
13 Kinder. Dieses Bild zeigt sie
mit drei Söhnen und sechs Töchtern
sowie mit den Enkeln Prinz Luitpold
und Prinz Albrecht. Sie waren
die ältesten Söhne von Kronprinz
Rupprecht und seiner Frau
Marie Gabrielle

Der Franzosen-Kaiser als Geburtshelfer

Aber die Treue der Bayern zu Napoleon hielt nicht lang.
Nach Max I. Joseph erlebte das Königreich noch weitere fünf Herrscher
in den 112 Jahren seines wechselvollen Bestehens

Seit anderthalb Jahrtausenden stehen die Bayern im Licht der Geschichte. Fast 750 Jahre lang wurden sie von den Wittelsbachern regiert. Gegenüber solchen Dimensionen nimmt sich die Epoche des Königreichs Bayern – die Zeit zwischen 1806 und 1918 – bescheiden aus. Aufs Ganze gesehen war es keine ruhige Zeit, sondern ein Jahrhundert voller Krisen. Der Geburtshelfer des neuen Bayern war Kaiser Napoleon. Im Herbst 1805 hatten Kurfürst Max Joseph und sein Minister Montgelas Bayern aus der Allianz mit Österreich und Russland herausgeführt und sich mit Frankreich verbündet. Der Lohn war die Königskrone.

An der Seite Napoleons kämpften die Bayern 1806/1807 gegen Preußen, 1809 gegen Österreich, 1812 gegen Russland. 1813 wurde die Lage kritisch. Die Gegner Frankreichs gewannen die Übermacht. Am 10. Oktober, eine Woche vor der alles entscheidenden Schlacht bei Leipzig, ließ der König von Bayern den Kaiser der Franzosen im Stich und wechselte zum zweiten Mal die Front. Drei Wochen später musste sich die bayerische Armee den zurückflutenden Truppen Napoleons entgegenwerfen. Ein Blutzoll war gefordert: Bayern, das bei Leipzig nicht mitgekämpft hatte, musste beweisen, dass es treu zu seinen neuen Freunden stand. Erst dann durfte es sich auf dem Wiener Kongress zu den Siegern setzen.

1818 präsentierte sich das Königreich als geschlossenes Staatsgebiet rechts des Rheins mit einem auf das linke Rheinufer vorgeschobenen Außenposten, der Rheinpfalz, ausgestattet mit einer zentralistischen Verwaltung und einer von dem Monarchen gegebenen Verfassung, die dem Volk eine begrenzte, vor allem auf den Staatshaushalt bezogene Mitwirkung erlaubte. Es war ein Mittelstaat, viermal so groß wie Württemberg, aber klein im Vergleich zu Österreich

und Preußen. Die benachbarten Großmächte warfen lange Schatten; selbstständige Außenpolitik konnte Bayern nicht treiben. Es versuchte, sich einzunisten im Deutschen Bund: Von dem extremen Föderalismus, der auf dem Wiener Kongress beschlossen worden war, erwartete das Königreich Schutz und eine ruhige Entwicklung.

Es kam anders. 1832 trafen sich in der Rheinpfalz die deutschen Patrioten und schwärmten von der einigen deutschen Nation. Ein Redner verfluchte die Fürsten. 1848 fassten die Bürger eine radikale Umgestaltung der deutschen Verhältnisse ins Auge: ein Reich für alle Deutschen, gegründet auf Volkssouveränität, Demokratie und Parlamentarismus. Der erste Anlauf misslang.

Dann verbündete sich Preußen mit der nationalen Bewegung. Im Krieg von 1866 verdrängte es Österreich aus der deutschen Geschichte. Bayern musste sich der neuen Vormacht unterordnen. Es wurde geschwächt und geschont. 1870/71 kämpfte die bayerische Armee einträchtig mit der preußischen gegen Frankreich. Der König von Bayern sah sich gezwungen, dem König von Preußen die deutsche Kaiserkrone anzubieten. In Versailles wurde das neue Deutsche Reich proklamiert – mit dem Königreich Bayern als Gliedstaat. Die große Politik wurde in Berlin gemacht. So blieb es, als Kaiser Wilhelm II. sich durch schwadronierende Reden in Europa isolierte, und erst recht, als der Erste Weltkrieg ausbrach und die Macht auf die Oberste Heeresleitung überging.

Als immer mehr Soldaten auf den Schlachtfeldern blieben und die Leute in der Heimat sich mit Steckrüben ernähren mussten, fragten sich die Bayern, wozu ihnen die bestehende Ordnung nützte und wozu sie den König noch brauchten. Als die Regierung sich zu politischen Reformen entschloss, war es viel zu spät.

Die Bavaria im weißblauen
Gewand sucht Schutz in den Armen
der Gallia. Die Allegorie der
Malerin Marianne Kürzinger zeigt
die dramatische Situation
des Landes im Herbst 1805.
Eingezwängt zwischen den
Großmächten Österreich und
Frankreich, gab Bayern seine
Neutralität auf und verbündete
sich mit Napoleon

Wenige Tage nach dem Sieg gegen die Österreicher bei Ulm zog Napoleon am 24. Oktober 1805 unter den Jubelrufen der Münchner Bevölkerung in die befreite bayerische Hauptstadt ein. Nicolas Antoine Taunay aus Paris malte das Bild. Er setzte den Kaiser auf ein sich dramatisch bäumendes Pferd, in Wahrheit war Napoleon in einer Kutsche gekommen

Unter der Krone

1806 bis 1918

Am 7. November 1918 zogen Arbeiter und Soldaten in großen Demonstrationen durch München, der König floh aus der Residenz, der Revolutionsführer Kurt Eisner verkündete den Volksstaat Bayern. Das Königreich ging unter im Strudel der Revolution. Zwei Tage später brach das zweite deutsche Kaiserreich zusammen.

Waren die Menschen glücklich im Königreich Bayern? Und zu welchen Zeiten? Not und Elend gab es jedenfalls genug, herbeigeführt nicht nur durch private Schicksalsschläge, sondern auch durch allgemeine Katastrophen, durch die Hungersnot von 1816/18, durch die Cholera von 1854, durch die große Depression der siebziger und achtziger Jahre. Noch einschneidender wirkte der gesellschaftliche Wandel. Die neue Freiheit und die neue Gleichheit, Eisenbahn und Industrialisierung beschleunigten das Wachstum der Bevölkerung und zogen Landflucht, Kinderarbeit, Massenarmut, Auswanderung hinter sich her. Residenzstädte wie München und ehemalige Reichsstädte wie Nürnberg und Augsburg wandelten sich zu Fabrikstädten. Das Handwerk war der industriellen Konkurrenz nicht gewachsen. Die Großfamilie löste sich auf; in der Kleinfamilie veränderten sich die Rollen des Mannes, der Frau und der Kinder; die konfessionellen Bindungen schwächten sich ab.

Erst in der letzten Phase des Königreichs, während Prinzregent Luitpold seinen geisteskranken Neffen, König Otto, im Amt des Monarchen vertrat, schienen die Spannungen allmählich nachzulassen. Die großen Bauten, die der Staat in diesen Jahrzehnten ausführen ließ, Paläste für Universitäten, Gerichte, Schulen, Museen, vermittelten den Eindruck einer festgefügten politischen und sozialen Ordnung. Aber der Weltkrieg brachte es an den Tag; diese Ordnung war brüchiger, als ihre Träger und selbst ihre Gegner glaubten.

Wie erklärt sich das Interesse der Gegenwart für eine Zeit, die lange vergangen ist und in der es vielerlei gab, was es heute nicht mehr gibt, die Thronrede und den Hermelin, die Hofrangliste, den Raupenhelm und die Zivilverdienstmedaille? Es ist nicht nur Nostalgie. Und nicht nur eine farbige, unverbindliche Geschichte. 1816, nach dem Ende der napoleonischen Kriege, hatte das Königreich Bayern seine festen Grenzen gefunden. Sie bestehen im Großen und Ganzen noch heute. 1956 konnte der Freistaat die in der Besatzungszeit nach dem Zweiten Weltkrieg verloren gegangene Rhein-

pfalz nicht zurückgewinnen. Dennoch – als einziges Land der alten Bundesrepublik konnte das rechtsrheinische Bayern seine territoriale Kontinuität, die Basis seiner ethnischen und politischen Eigenart behaupten.

Ähnliches gilt für die Menschen, die das Land bewohnen. In den hundert Jahren des Königreichs haben sich die Altbayern und die bayerischen Franken und Schwaben an das gemeinsame politische Haus gewöhnt – so sehr, dass es nach der Katastrophe von 1945 nur zu marginalen Separationsbewegungen kam. Ein die historischen Bruchlinien überdeckendes Zusammengehörigkeitsgefühl ist die wichtigste, dauerhafte Folge der Integrationspolitik gewesen, die von den Königen und von der Staatsadministration betrieben wurde. Fürstenbesuche in den Provinzen, die Berufung fränkischer und schwäbischer Adeliger an den Hof, Würzburg als Kronprinzenresidenz, die Versetzung der höheren Beamten von Landshut nach Bayreuth, von Kaiserslautern nach München, die Auszeichnung erfolgreicher Bürgermeister, Unternehmer und Gelehrter, das Wahlrecht und die Wehrpflicht, die Schienenwege und die viel zu schmale Wasserstraße, die Denkmäler der Monarchie in den neuen Landesteilen, die gesamtbayerischen Monumente in der alten Hauptstadt – so sollte ein einheitliches, loyales, königstreues Staatsbürgertum geschaffen werden. Das gelang.

Freilich blieb die Pflege des Regionalismus ein Dauerproblem der bayerischen Geschichte. Bei jeder Kabinettsumbildung heutzutage kann man es verfolgen. Der weiß-blaue Freistaat ist der Erbe des weiß-blauen Königreichs. Er zeigt es ohne Scheu. Die gesamtbayerischen Staatssymbole sind die alten: die Rauten, die das Haus Wittelsbach vor 800 Jahren von den Grafen von Bogen übernahm, der Löwe, der auf die Pfalzgrafschaft am Rhein verweist, und selbst die Königskrone, das Zeichen der Monarchie, das man, als man keinen König mehr wollte, einigermaßen verlegen zur Volkskrone umgedeutet hat. Die echte Krone wird in der Schatzkammer der Residenz gezeigt. Einmal in den 87 Jahren, seit das Königreich untergegangen ist, gewann sie einen Teil ihrer historischen Funktion zurück – als der sozialdemokratische Ministerpräsident Wilhelm Hoegner im Jahr 1955 sie dem letzten Kronprinzen von Bayern, Rupprecht, nach dessen Tod über den Sarg stellen ließ. *Hubert Glaser*

Napoleons persönlicher Degen, ein Geschenk des Franzosen-Kaisers an Max I. Joseph anlässlich der Feierlichkeiten der Erhöhung Bayerns zum Königreich

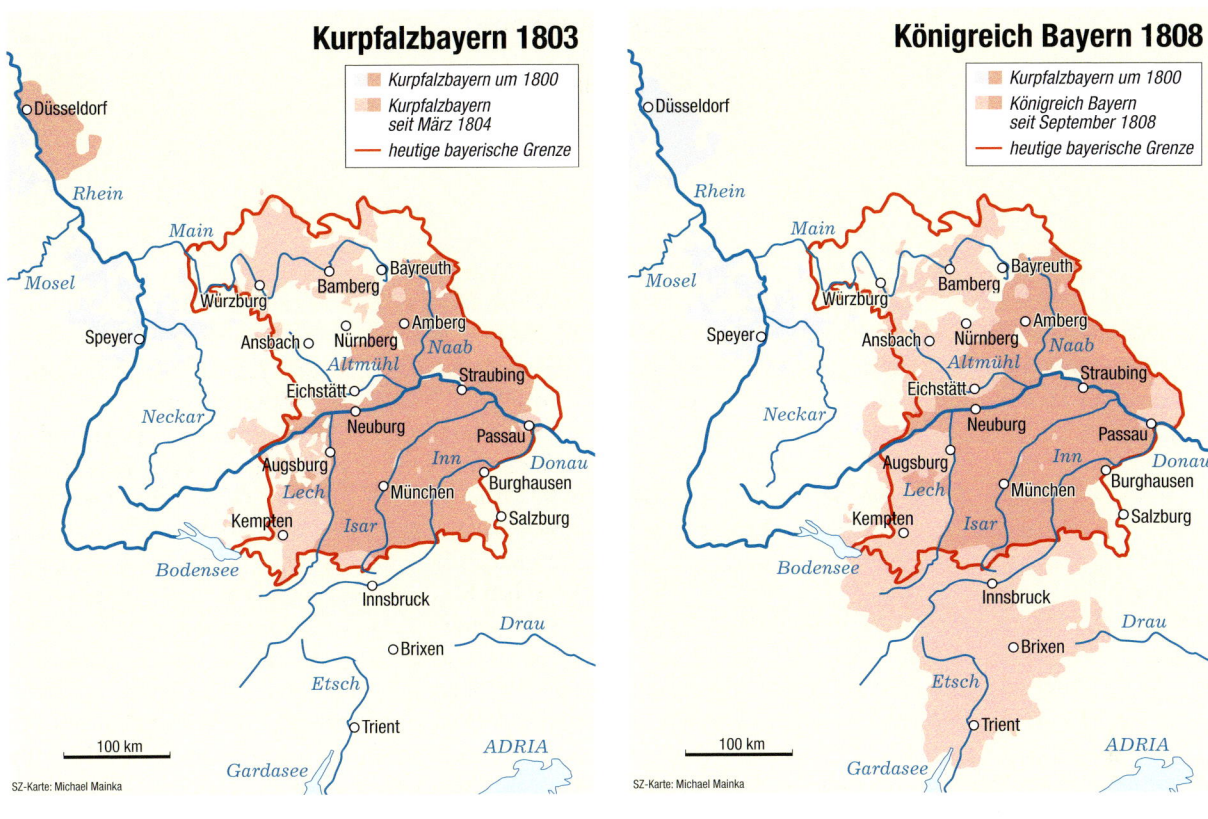

Kurpfalzbayern 1803

Kurpfalzbayern um 1800
Kurpfalzbayern
seit März 1804
heutige bayerische Grenze

Königreich Bayern 1808

Kurpfalzbayern um 1800
Königreich Bayern
seit September 1808
heutige bayerische Grenze

Königreich Bayern 1810

Kurpfalzbayern um 1800
Königreich Bayern
seit Oktober 1810
heutige bayerische Grenze

Königreich Bayern 1819

Kurpfalzbayern um 1800
Königreich Bayern
seit August 1819
heutige bayerische Grenze

Bayerns Landkarte in den Jahren 1803 bis 1819. Im Jahr 1808 erstreckte sich das Königreich vom Main bis an den Gardasee. Es war ein aus dem bayerischen Stammland und benachbarten Provinzen zusammengeklebter Staat. Seit 1818 präsentierte sich das Reich als geschlossenes Staatsgebiet – im Süden war vieles weggebrochen, im Norden einiges hinzugekommen. Und dann gab es noch einen Außenposten auf dem linken Rheinufer, die Rheinpfalz.
Siehe die Karte von 1819

Max I. Joseph

Ungesalbt und ungekrönt

*Einen Monarchen mit der Krone auf dem Haupt hat es
im Königreich Bayern nie gegeben*

Unsere feierliche Krönung und Salbung"– teilte König Max I. Joseph am 1. Januar 1806 seinem Staatsvolk mit – „haben wir auf eine günstigere Jahreszeit vorbehalten". Es klingt wie die Ankündigung einer Schönwettermonarchie. Aber so war es nicht gemeint. Die Proklamation des Königreichs Bayern war ein Schnellschuss. Weder die Dynastie noch die Regierung waren hinreichend darauf vorbereitet. Erst ein Vierteljahr zuvor hatte das Land endgültig die Seiten gewechselt und sich mit Frankreich verbündet, erst vier Wochen zuvor hatte Kaiser Napoleon bei Austerlitz die Kaiser von Österreich und Russland besiegt.

Am 31. Dezember 1805 zog der Kaiser der Franzosen, aus Wien kommend, in München ein, am Neujahrstag konnte der Kurfürst von Bayern verkünden, dass er den Königstitel angenommen habe. Am 13. Januar verheiratete er eine Tochter mit dem Stiefsohn des Kaisers. Neue Würdezeichen besaß er nicht, weder eine Krone noch ein Szepter, weder einen Reichsapfel noch einen Krönungsmantel.

Max Joseph ließ die Insignien, die er brauchte, in Paris bestellen. Die Entwürfe wurden bei Charles Percier, dem Architekten des Kaisers, in Auftrag gegeben, die Ausführung übernahm das Atelier des Goldschmieds Martin-Guillaume Biennais. Die nötigen Edelsteine wurden aus München nach Paris geschickt; fünf Achate nahm man aus dem Reichsapfel, den einst die Pfälzer Kurfürsten als Erztruchsessen getragen hatten, andere Steine und Perlen wurden aus einer Eichstätter Monstranz gebrochen. Erst im März 1807 trafen die neuen Kroninsignien in München ein – die „bessere Jahreszeit" war längst einem neuen Winter gewichen.

Max Joseph, der bei aller aufgeklärten Gesinnung ein katholischer König war, wusste, dass zu einer Krönung und Salbung ein hoher geistlicher Würdenträger, am besten ein Erzbischof, gehörte. Ein Oberhirte, der zu solchen Zeremonien bereit gewesen wäre, war in Bayern drei Jahre nach der Säkularisation nicht leicht zu finden. Sehr fraglich war auch, ob der Papst in Rom, den man bei der Wegnahme des Kirchenguts nicht gefragt hatte, einer solchen Heiligung des neuen Königtums zugestimmt hätte.

Die im Geschmack des Empire gestalteten Insignien geben sich als Würdezeichen des modernen Staates kund. „Zeichen der Eintracht von Vater und Vaterland" steht auf dem Reichsapfel, „Schutz, nicht Unterdrückung der Bürger" auf dem Reichsschwert. Der König ließ sich mit ihnen malen, aber trug sie nicht. Jahr um Jahr wurde es unwahrscheinlicher, dass er sie benützen würde. Was sollten Salbung und Krönung so lange Zeit nach der Thronbesteigung? Niemand bezweifelte, dass Max Joseph, wenn auch ungesalbt und ungekrönt, tatsächlich souveräner bayerischer König war. Schließlich bekamen die Krone und das Szepter, das Krönungsschwert und der Reichsapfel doch noch ihre Funktion.

Am 4. Februar 1819 wurde im Redoutenhaus an der Prannerstraße der erste Landtag feierlich eröffnet. Die Abgeordneten versammelten sich zu Füßen des Herrschers. Dieser saß auf einer Estrade unter dem großen Thronhimmel. Vor ihm, auf goldbestickten Kissen, ruhten die Insignien der konstitutionellen Monarchie: die Krone und das Szepter, Reichsapfel und Reichsschwert und die Verfassungsurkunde. Sie waren in feierlichem Zug aus der Residenz in das Parlament geleitet worden. Im ersten, 1813 gefertigten, napoleonischen Vorbildern nachgebauten bayerischen Krönungswagen hatte Fürst Alexander von Thurn und Taxis die Krone begleitet. In Gegenwart der Insignien leisteten die Prinzen, die Kronbeamten und die Abgeordneten ihre Eide. Bei diesem Zeremoniell blieb es. Einen König mit der Krone auf dem Haupt hat es im Königreich Bayern nie gegeben. *Hubert Glaser*

Der König im Habitus eines Bürgers am Schreibtisch: Im Lauf seiner Regierungszeit entwickelte sich Max I. Joseph, ein leutseliger Herrscher, zur Integrationsfigur des Königreichs Bayern. Die neu erworbenen Gebiete, vor allem Schwaben und Franken, mussten von dem neuen Staat erst noch überzeugt werden

Der Bürgerkönig

Seine Beliebtheit half Max I. Joseph bei der „Revolution von oben",
die er zusammen mit seinem Minister Montgelas organisierte

Am Anfang der Reihe der bayerischen Könige steht Max I. Joseph (1799/1806-1825). Obwohl unter seiner Regierungsverantwortung für das Land und das seit 1180 regierende Haus Wittelsbach die späte Rangerhöhung, die volle Souveränität und mit der Angliederung Frankens und Schwabens eine Verdoppelung des bayerischen Territoriums möglich wurde, steht dieser König in einem zweifachen Schatten der Erinnerung. Von Bayerns fünf Königen und dem Prinzregenten blieben vor allem sein Sohn und Nachfolger, der entschlossene Ludwig I. (1825-1848), und sein Urenkel, der überforderte Ludwig II. (1864-1886), im Gedächtnis der Menschen präsent. Für die Regierungszeit Max I. selbst wurde so sehr sein leitender Minister, Maximilian von Montgelas, in den Vordergrund geschrieben, dass der König dahinter verblasste. Wohl war man in der lange vom politischen Katholizismus und von der wittelsbachischen Monarchie geprägten politischen Kultur Bayerns auch froh, dass man nicht alle Verantwortung für das tief greifende Reformprogramm zu Beginn des 19. Jahrhunderts, in Sonderheit auch für die rigorose Klostersäkularisation, mit dem Monarchen in Verbindung brachte.

Dass Max I. Joseph mehr Aufmerksamkeit verdient, hat zuletzt gerade die große Montgelas-Biografie von Eberhard Weis gezeigt. Der König hat nicht nur Verantwortung, weil er Montgelas gegen andauernde massive Kritik selbst des Kronprinzen bis 1817 im Amt hielt. In alle wichtigen Entscheidungen war er unmittelbar eingebunden, in einem dialogischen Prozess mit seinem Minister wurden sie vorbereitet und letztlich auch von Max I. Joseph getroffen. Sich mit diesem König zu beschäftigten heißt also, sich auf die politische Geschichte Bayerns in einer Phase weitreichender Weichenstellungen einzulassen.

Max I. war 1756 nicht für den bayerischen Thron geboren. Er entstammte aus einer der Zweibrückischen Nebenlinien des Hauses Wittelsbach, deren Vertreter wegen Überschuldung und Abhängigkeiten von übermächtigen Nachbarn nicht selten Ärger bei den großen Verwandten auslösten, sei es bei Kurfürst Max III. Joseph in München oder bei Karl Theodor in der Pfalz. Das Blatt wendete sich seit den 1760er und 1770er Jahren, als nach und nach klar wurde, dass sowohl die Münchner als auch die Pfälzer Linie der Wittelsbacher ohne legitimen männlichen Erben bleiben und dass damit alles auf die Zweibrücker zulaufen würde.

Für den jungen fürstlichen Bohemien Max Joseph, der von der Aufklärung geprägt Freimaurer war, besser französisch als deutsch sprechend in Straßburg als Oberst des französischen Fremdenregiments Royal Alsace diente und den Karl Theodor bis zuletzt als Nachfolger verhindern wollte, rückten Herrschaft und Regierungsverantwortung erst in Reichweite, als sein älterer Bruder starb und er damit seit 1795 der designierte Erbe aller wittelsbachischen Lande wurde. Deren Existenz war freilich schon aufs Höchste gefährdet, seitdem das revolutionäre Frankreich im Westen und Österreich im Süden versuchten, sich wittelsbachisches Territorium einzuverleiben. Alle Politik des neuen pfalzbayerischen Landesherrn musste seit dem Regierungsantritt in München 1799 zunächst darauf bedacht sein, die Existenz Bayerns zu sichern, was in den Wechselfällen der europäischen Politik und der Napoleonischen Kriege eine risikoreiche Herausforderung war. Andererseits boten sich auch große außen- und innenpolitische Chancen, die Max I. Joseph zu nutzen wusste.

Die Innenpolitik war mit einer Vielzahl von einzelnen Reformen und mit egalitären und liberalen Leitbildern auf eine Vereinheitlichung der Strukturen im

Die Bayern schlossen 1805 mit Napoleon ein Schutz- und Trutzbündnis. Debrets Gemälde zeigt Napoleons bei seiner Ansprache an die bayerischen Truppen vor der Schlacht von Abensberg im Jahre 1809

Johann Georg Ziesenis malte den vierjährigen Max Joseph beim Federballspiel (1760). Das Kriegsspielzeug auf der rechten Bildseite weist darauf hin, dass Militär und Soldaten im künftigen Leben des Knaben eine große Rolle spielen werden. Als König führte er sieben Kriege bald erweiterten Staatsgebiet ausgerichtet. Die Gleichheit vor dem Gesetz, die Steuerpflicht für alle und die Parität der christlichen Konfessionen sind unter anderem dauerhaft festgeschrieben worden. Viele Maßnahmen versuchten die wirtschaftlichen Rahmenbedingungen zu verbessern. Andererseits wird man nicht verkennen, dass mit einer verfehlten Politik gegenüber den Kommunen, dem Verlust höherer Bildungseinrichtungen, der Zerschlagung der Klöster mit ihrer kulturellen, wirtschaftlichen Funktion und mit ihrer Bedeutung für das zentralörtliche System des Landes auch lang wirkende Belastungen für die ländlichen Regionen Bayerns verursacht wurden. Die dramatisch gesteigerte Überschuldung des Landes hemmte noch lange Zeit die Politik Bayerns.

Trotz oft rasch wechselnder politischer und militärischer Konjunkturen war Max Joseph, ähnlich wie Montgelas, alles andere als ein vorschneller „Macher". Nicht ohne Skrupel stellte er 1801 und 1805 die Loyalität zu Reich und Kaiser hintenan. Er verbündete sich, hin und her gerissen zwischen Österreich und Frankreich, im letzten Moment vor Kriegsausbruch mit Napoleon und profitierte so von dessen militärischen Erfolgen in Europa. Genauso wandte er sich, geleitet von dynastischem Interesse und Staatsräson, 1813 gegen Frankreich, als der Niedergang Napoleons erkennbar wurde, um nun an der Seite Preußens, Österreichs, Russlands und Englands den zuvor erreichten Besitzstand Bayerns zu sichern.

Zuvor hatte Napoleon ein gestärktes Bayern als Bollwerk gegen das Haus Habsburg-Österreich angestrebt und deswegen eine enorme territoriale Erweiterung, die Königserhebung und die Souveränität ermöglicht, was schließlich zur Zerschlagung des Alten

Reiches beitrug. Als am 1. Januar 1806 der Landesherold durch München zog und die neue Königswürde proklamierte, hielten sich Kaiser Napoleon und Josephine in München auf. Seine siegreichen Truppen präsentierten zwei Tage später in der jubelnden Stadt bayerische Fahnen und Kanonen, die sie aus Wien mitgeführt hatten. Dorthin waren sie einst während einer der häufigen österreichischen Besatzungen aus Bayern fortgeführt worden.

Als 1806 Kaiser Franz die Kaiserkrone niederlegte und damit das Heilige Römische Reich endgültig erlosch, führten Montgelas und König Max I. den Bruch der hergekommenen Verfassungsordnung in Bayern herbei, indem sie die Landstände auflösten, die seit der Säkularisation der Prälatenklöster 1802/03 ohnehin in Frage standen. Der Schlag gegen die Verfassungsordnung, die überzogene Konzentration von drei Ministerien in der Hand Montgelas', auch das zeitweise Aussetzen von Staatsratsprotokollen und Hofhandbüchern sind Indizien für einen Ausnahmezustand in einer Phase tiefgreifender, rascher und auch kriegerischer Umbrüche und Krisen in Europa, die Bayern unmittelbar betrafen.

Andererseits kann man darin auch eine Zuspitzung und Vollendung des Absolutismus sehen. Zu Recht hat Walter Demel vom bayerischen „Staatsabsolutismus" gesprochen, als eine sehr kleine Gruppe von Beamten und Ministern mit dem König in einer „Revolution von oben" mit den Reformen eine straffe administrative Klammer um das neue Staatsgebiet legten und zentralistisch auf die Machtzentrale München hin organisierten, wo schon unter Max I. etwa mit dem Nationaltheater der Umbau und die Erweiterung zur königlichen Residenzstadt begann.

Krone und Kroninsignien –
darunter das Szepter – repräsentierten die Souveränität
und Würde des bayerischen Königs

Die aus Staatsräson geschlossene
Ehe von Napoleons Stiefsohn
und der Tochter von Max I. Joseph
entwickelte sich überraschender-
weise zu einer harmonischen
Verbindung. Das Gemälde zeigt
fünf Kinder von Auguste Amalie
und Eugène Beauharnais als Engel

Max I. Joseph

Gefangennahme des Volkshelden Andreas Hofer im Tiroler Freiheitskampf von 1809. Tirol stand damals unter bayerischer Herrschaft. Schmerzhafte Reformen und die Zwangsaushebung von Rekruten führten zum Aufstand. Hofer geriet durch Verrat in Gefangenschaft und wurde auf Befehl Napoleons hingerichtet

Dagegen war das Auftreten von Max I. Joseph keineswegs absolutistisch. Selbst die Annahme der Königswürde verlief in wenigen Minuten unprätentiös im Beisein des engeren Hofes in den Appartements der Königin am Neujahrstag um 10 Uhr morgens. Das offizielle Protokoll dazu mit den Unterschriften des Königs, des Kronprinzen und der Hof- und Stabsminister ist auf schlichtem Kanzleipapier geschrieben und in einem einfachen Aktendeckel abgelegt worden. Krone, Szepter und andere Insignien der neuen Würde waren noch nicht vorhanden. Fast täglich konnte man den „Bürgerkönig" Max I. Joseph auf den Straßen und Märkten Münchens im Gespräch mit den Menschen treffen. In Konversationen mit Würdenträgern war er bisweilen so unverhohlen direkt, dass Montgelas und andere wiederholt um politische Verwicklungen fürchten mussten. Das alles steigerte freilich die Sympathie für den ersten bayerischen König, der nach dem ungeliebten Kurfürsten Karl Theodor ohnehin mit viel Vorschusslorbeeren in München aufgenommen worden war.

Diese Beliebtheit und Akzeptanz des Königs wurde zu einem wichtigen politischen Pfund im neuen Bayern, denn die Integrationskraft der für die Menschen oft sehr schmerzlichen, nicht selten auch überzogenen Reformen blieb zunächst begrenzt. Das zeigen Reaktionen in den neubayerischen Gebieten und nicht zuletzt der blutige Aufstand in dem damals zu Bayern gehörigen Tirol, der seit 1809 manchen Reformeiferer zum Nachdenken zwang. In einer stark auf den Fürsten ausgerichteten politischen Kultur und in einer immer bedeutenderen bürgerlichen Öffentlichkeit erleichterte die Beliebtheit des Königs die Loyalität für den Landesherren, für die Dynastie und auch für den neu organisierten bayerischen Staat.

Als Krönung des Wirkens von Max I. Joseph kann man die Verfassung von 1818 verstehen. Sie hatte für das territorial erheblich erweiterte Bayern bis zur Revolution von 1918, also bis zum Ende der Monarchie Bestand. Sie schrieb wesentliche Punkte der Staatsreformen, liberale staatsbürgerliche Rechte, Grundrechte und die Trennung von Staat und Dynastie fest und rückte damit Bayern mit Baden an die Spitze der konstitutionellen und frühparlamentarischen Bewegung im Deutschen Bund und eröffnete gleichsam eine süddeutsch-liberale Alternative der deutschen Geschichte. Aus der Verbindung von historischer Tradition und Legitimation, Rangerhöhung, territorialer Erweiterung, Souveränität und konstitutioneller Festigung formierte sich letztlich die Kraft, die Bayern zum Wahrer föderaler staatlicher Rechte werden ließ.

Ferdinand Kramer

Glockengeläut und 200 Kanonenschüsse

Der Akt der Königserhebung war kurz und glanzlos

Der Akt der Königserhebung, der am 1. Januar 1806 morgens um 10 Uhr in der Münchner Residenz begann, dauerte nur kurz. Auf Wunsch von Max I. Joseph versammelte sich eine kleine Gruppe in den Appartements der Königin: der König, der Kronprinz, die Inhaber der vier Hofämter, Graf Törring Seefeld und die Freiherren von Rechberg, Gohrer und Kesling sowie die Staats- und Konferenzminister, Graf von Morawitzky, Freiherr von Hertling und von Salabert. Nicht anwesend war der Minister von Montgelas, ohne dass wir dafür eine Erklärung hätten.

Max Joseph und Kronprinz Ludwig stellten sich in die Mitte. Der König begründete in einer kurzen Rede, warum er den Titel angenommen habe. Daraufhin brachten die Minister und Hofämter dem König und dem Kronprinzen ihre Glückwünsche und Huldigungen dar. Dann wurde Graf Törring angewiesen, den anderen Angehörigen des Hofes die Nachricht zu überbringen und in der Stadt die Erhebung zum Königreich unter dem Geläute sämtlicher Glocken und mit 200 Kanonenschüssen ausrufen zu lassen.

Der Landesherold wurde von der bürgerlichen Kavallerie und ihren Trompetern sowie von den Hoftrompetern begleitet. Nach dem Zeugnis des Münchner Chronisten Lorenz von Westenrieder läuteten nachmittags von 3 bis 4 Uhr die Glocken der Pfarrkirchen, und dazu krachten die Kanonen. In der Nacht sollte überall Beleuchtung erstrahlen, aber diese fiel laut Westenrieder etwas ärmlich aus, weil sie zu spät angesagt wurde und weil die Einquartierung französischer Truppen drohte. Am Abend des 1. Januar wohnte das französische Kaiserpaar Napoleon und Josephine zusammen mit dem bayerischen Königspaar einem großen Konzert am Münchner Hof bei. In den folgenden Tagen wiederholte sich dies bei verschiedenen höfischen Festen.

Proklamation.

Da durch die Vorsehung Gottes es dahin gediehen ist, daß das Ansehen und die Würde des Herrschers in Baiern seinen alten Glanz und seine vorige Höhe zur Wohlfahrt des Volkes, und zum Flor des Landes wieder erreicht, so wird der Allerdurchlauchtigste und Großmächtigste Fürst und Herr, Herr Maximilian Joseph, als König von Baiern, und allen dazu gehörigen Ländern hiemit feyerlich ausgerufen, und dieses seinen Völkern allenthalben kund und zu wissen gemacht.

Lange und glücklich lebe Maximilian Joseph, unser allergnädigster König! Lange und glücklich lebe Karoline, unsere allergnädigste Königin!

So geschehen und verkündet in der Königlichen Haupt- und Residenzstadt München am ersten Tage des Jahres Ein Tausend Acht Hundert Sechs.

Mit dieser Proklamation wurde am 1. Januar 1806 die Ernennung des Kurfürsten Maximilian IV. Joseph zum König von Bayern bekannt gegeben. Zusammen mit anderen deutschen Fürsten sagte sich Bayern daraufhin vom Reich los und gründete unter Napoleons Protektion den Rheinbund

Gelungenes Komplott

Wie der spätere König Ludwig I. als Kronprinz den Superminister
Maximilian von Montgelas aus dem Amt trieb

Der König herrscht, der Thronfolger opponiert – das ist das Kronprinzen-Problem in der europäischen Geschichte der Neuzeit. Man kann es noch im 19. Jahrhundert in Preußen beobachten oder in Österreich-Ungarn, aber auch in Bayern. Dabei waren nicht nur Ehrgeiz und Ungeduld im Spiel; in der Regel ging es um einen Generationenkonflikt. Der junge Mann sah die Probleme der Zeit mit anderen Augen, er wollte andere Mittel wählen, um das gemeinsame Ziel zu sichern, die Stabilität der Königsherrschaft. Niemand hat den Gegensatz an der Staatsspitze eindrucksvoller formuliert als – im Rückblick auf seine jungen Jahre – König Ludwig I., in dem er sein Verhältnis zu seinem Vater, König Max I. Joseph, charakterisierte: „Wir waren in gar vielem das Gegenteil voneinander, er voller Vorliebe für die Franzosen, für die Trikolore, für die Republik, für Napoleon, ihnen entschiedener Freund, ich entschiedener Feind der Franzosen, voll teutschen Sinns, ich für's Geschichtliche, Bestehende, er für Neuerungen, für Aufhebung der Klöster, ich für Erhaltung, er sorglos für guten Finanzstand, ich sehr dafür. Die Pfalz gab er hin, das treue angestammte Land; ich sehnte mich nach ihr."

Freilich – solche Meinungsverschiedenheiten auf offener Bühne auszutragen, war nicht erlaubt. Ein direkter Angriff auf die geheiligte Person des Monarchen verbot sich von selbst, er hätte die Stellung der Dynastie im Staat geschwächt und auch den Thronfolger selbst beschädigt. Deshalb traten die Konfrontationen auf einer zweiten Ebene zutage: in der Rangordnung am Hof und bei der Besetzung von Ministerposten. Auch wenn es keine Palastrevolutionen mehr gab, die Machtverschiebungen innerhalb der königlichen Familie wurden sichtbar, wenn die Exponenten des bisherigen Systems abgelöst wurden und neue Männer an ihre Stelle traten. Der Sturz des Ministers Montgelas im Februar 1817 lieferte dafür ein einprägsames Beispiel.

Graf Maximilian von Montgelas war in Bayern seit 18 Jahren Minister des Königlichen Hauses und des Äußeren; elf Jahre hatte er dazu das Finanzministerium, ungefähr ebenso lange das Innenministerium geleitet. Seine elegante, exzentrische Frau hatte ihr Urteil über seine Amtsführung in einem spitzen Bonmot untergebracht: „Als Außenminister könnte man keinen besseren haben, als Innenminister ist er passabel, als Finanzminister verdient er, gehenkt zu werden." Er hatte Bayern durch die bewegendste Epoche von dessen Geschichte geführt und dabei im Dienst des regierenden Monarchen viel unternommen, was dem Thronerben missfiel.

Er hatte die Klöster aufgehoben, sich mit Frankreich verbündet, zu der deutsch-patriotischen Bewegung, die sich gegen die Vorherrschaft Napoleons stellte, Distanz gehalten. Er hatte die rechtsrheinische Pfalz mit Mannheim und Heidelberg nicht unter die Herrschaft der Wittelsbacher zurückführen und Salzburg nicht für Bayern behaupten können. Ludwig hielt ihn für den Exponenten eines veralteten, den Interessen des Königreichs nicht mehr nützlichen Systems. Außerdem wusste Ludwig genau, dass Montgelas ihn zwölf Jahre lang von allen wichtigen Geschäften fern gehalten hatte.

Nach dem Sturz Napoleons war der Kronprinz entschlossen, sich das nicht mehr gefallen zu lassen. Schon 1814/15 witterte er seine Chance. Montgelas hatte seinen König nicht zu dem großen Kongress nach Wien begleitet, auf dem über die künftige Ordnung Europas entschieden wurde, sondern war zu Hause geblieben. Vielleicht hatte er gefürchtet, wegen seiner frankreichfeindlichen Politik den Gastgebern unwillkommen zu sein. Ludwig aber verbrachte ein halbes Jahr im Gefolge seines Vaters in der Stadt an der Donau. Er suchte den Kontakt zu dem Leiter der österreichischen Politik, dem Fürsten Metternich, und zu dem Oberbefehlshaber der bayerischen Armee, Feldmarschall Fürst Wrede, und begann, ein Bündnis zu schmieden, das Montgelas' Sturz herbeiführen sollte.

Wrede agierte gegen den Minister, weil dieser sich angesichts der Staatsschulden einer Erhöhung des Mi-

„Revolution von oben": Maximilian Joseph
Graf von Montgelas (1759–1838) gilt als Vater des
modernen bayerischen Staates

litäretats verweigerte. Im Volk verlor Montgelas das Vertrauen, weil er die Hungersnot, die sich in Bayern ausbreitete, nicht in den Griff bekam. Außerdem war er durch einen Bankenskandal ins Zwielicht geraten. Der Kronprinz sah seine Stunde gekommen. Wiewohl an einer schweren Lungenentzündung erkrankt, arbeiteten er und seine Mitverschworenen einen minutiösen Schlachtplan aus. Eberhard Weis hat in seiner neuen Montgelas-Biografie die Vorgänge detailliert beschrieben.

König Max weilte in Wien bei seiner Tochter, die mit dem Kaiser von Österreich verheiratet war. In der Nacht vom 1. auf den 2. Februar 1817 kehrte er nach München zurück. Am frühen Morgen ließ sich Fürst Wrede bei ihm melden. Er klagte Montgelas wegen vieler Fehlentscheidungen und Versäumnisse an und überreichte einen Brief des Thronfolgers. Der leitende Minister, stand darin zu lesen, habe bei den befreundeten Mächten alles Vertrauen verloren und stelle sich zwischen Vater und Sohn. Dann zog Wrede einen Entwurf für die Neuordnung der Regierung aus der Tasche, die die leitenden Beamten in den Ministerien ohne Wissen ihres Chefs ausgearbeitet hatten. Schließlich fand sich der Legationsrat Ringel, ein enger Mitarbeiter von Montgelas, ein und erklärte, dass der Minister nicht mehr in der Lage sei, die Geschäfte zu führen.

Der König sah sich umzingelt und gegen seine Absichten nicht mehr in der Lage, Montgelas selbst zu kontaktieren. Er gab nach und unterzeichnete das vorbereitete, nur leicht modifizierte Entlassungsdokument. So trennte er sich von dem Mann, dem er seit Jahrzehnten sein uneingeschränktes Vertrauen geschenkt hatte. Dann eilte er an das Krankenbett seines Sohnes. „Ich habe dich verstanden", sagte er zu ihm, „wir werden uns nie mehr missverstehen."

Mit seiner Entscheidung handelte der Monarch gegen seine Überzeugung. Später bereute er das. Ludwig hingegen rühmte sich noch Jahrzehnte später als Urheber des Komplotts. „Nicht trieb Wrede mich", schrieb er, „ich trieb ihn, dass er auf meinen Vater wirke, damit Montgelas aus seiner Stelle entfernt werde – nicht er mich, wenn auch der teutsche Wrede des unteutschen Montgelas' Gegner war. Wrede äußerte mir, es wäre seiner Natur zuwider, den Sturz anderer zu bewirken." Tatsächlich erreichte der Kronprinz eine tief greifende Machtverschiebung innerhalb des Staatsgefüges. Er profilierte sich als die zentrale Potenz des öffentlichen Lebens in Bayern – acht Jahre, bevor er den Thron bestieg.   *Hubert Glaser*

Die Macht und ihr Preis

Im Wettstreit der Großmächte Frankreich und Österreich
fiel den bayerischen Herrschern eine Schlüsselrolle zu – ein riskantes Spiel,
bei dem sich Erfolge und Misserfolge die Waage hielten

Nicht selten entscheidet die Geografie über das Schicksal von Staaten. Bayern liefert dafür ein anschauliches Exempel, das Graf Vergennes, der Außenminister Ludwigs XVI., dem französischen Gesandten in München 1786 anschaulich erläuterte: „Für den Wiener Hof war Bayern immer ein Objekt der Begehrlichkeit oder des Neids. Diese große Provinz trennt die alten Erblande des Hauses Österreich von seinen Eroberungen in Italien und seinen Erwerbungen in Schwaben. Bayern beherrscht die Donau und den Inn, die beide in Wien als einheimische Flüsse gelten; es beherrscht die Zugänge zu den Alpen wie zu den Höhen des Böhmerwalds, kurz, Bayern ist einfach wegen seiner Lage das wichtigste Objekt für eine Arrondierung des habsburgischen Machtbereichs, nach dem es den Ehrgeiz dieses Herrscherhauses verlangen könnte."

Diese Analyse der bayerischen Politik des Hauses Habsburg nach dem Frieden von Teschen (1779) liefert ein getreues Spiegelbild des nicht minder großen Interesses, das man in Paris seit der Herrschaft von Franz I. und Heinrich IV. den Wittelsbachern zuwandte: Im Machtpoker der beiden europäischen Flügelmächte Frankreich und Habsburg um die Führungsrolle auf dem Kontinent fiel Bayern wegen seiner geopolitischen Lage seit je eine Schlüsselrolle zu. Dieser besonderen Situation war man sich in München stets bewusst. Darin gründete sowohl die offensichtliche Schwäche, wie die potenzielle Stärke Bayerns, die es durch eine kluge Schaukelpolitik, die mal der einen, mal der anderen Macht zuneigte, zu mehren galt.

Das war ein hochriskantes Spiel, bei dem sich für Bayern Erfolge und Misserfolge in etwa die Waage hielten. Allerdings erfüllte sich nie sein lang gehegter, allzu ehrgeiziger Traum, zu einer europäischen Mittelmacht aufzusteigen. Das ist eine Enttäuschung, die

in Bayern lange nicht verwunden wurde. Gern wurde dabei auch übersehen, dass solche Hoffnungen nur dank der alles andere als uneigennützigen Unterstützung Frankreichs aufkeimen konnten, dem dieses Land ein willkommener Stachel in der Flanke des Habsburger Reichs war.

Zwar war es der Kaiser, der Bayern 1623 die Kurwürde des geächteten Friedrich V. von der Pfalz verlieh und ihm auch den erblichen Besitz der Oberpfalz verschaffte, aber es war der Nachfolger Richelieus, der Kardinal Mazarin, der sich beim Westfälischen Frieden 1648 erfolgreich dafür einsetzte, dass die Wittelsbacher diese Würde und diesen Besitz auch behielten. Für Frankreich bedeutete dieser Machtgewinn Bayerns, dass die Herrschaft des Kaisers über das Reich nur noch ein Phantom war.

Auf der Linie dieser Politik lag auch, dass Ludwig XIV. bereits 1702 dem bayerischen Kurfürsten Max Emanuel die Königswürde in Aussicht stellte. Diese eitle Hoffnung zerschellte jedoch mit dem Spanischen Erbfolgekrieg, in dem das mit Frankreich verbündete Bayern der englisch-habsburgischen Allianz unterlag. Ja, nach der Schlacht bei Höchstädt an der Donau (1704) wäre es beinahe um die Existenz Bayerns als Staat geschehen gewesen, das 1706 von Österreich usurpiert wurde. Erst im Frieden von Rastatt, den Frankreich und der Kaiser 1714 schlossen, erhielt Max Emanuel den Besitz nebst der Kurwürde wieder. Diesen Erfolg hatte er allein der französischen Diplomatie zu verdanken.

Den nächsten und in der bayerischen Geschichte gewiss spektakulärsten Anlauf, zu einer europäischen Mittelmacht zu werden, unternahmen die Wittelsbacher im so genannten Österreichischen Erbfolgekrieg, der mit dem Einfall Friedrichs II. von Preußen in das Habsburg gehörende Schlesien begann. Der mit Frank-

In der so genannten Dreikaiser-
schlacht besiegte Napoleon am
2. Dezember 1805 in der Nähe
der südmährischen Stadt
Austerlitz die österreichischen und
russischen Truppen. Österreich
musste daraufhin Tirol und
Vorarlberg an Bayern abtreten

Entwurf eines bayerischen
Thronbaldachins: Er wurde
in Paris konzipiert, denn
auch in dieser Angelegenheit
eiferte der Münchner Hof
Napoleon nach

reich verbündete bayerische Kurfürst Karl Albrecht, der als Ehemann einer Tochter Kaiser Josephs I. Ansprüche auf die Erbfolge machen konnte, witterte seine Chance, sich die Kaiserkrone zu erobern. Nach der Eroberung Prags setzte er sich dort am 19. Dezember 1741 die Wenzelskrone auf. Dem folgte am 24. Januar 1742 in Frankfurt am Main seine von Frankreich und Preußen betriebene Wahl zum Römischen König und künftigen deutschen Kaiser, die mit seiner feierlichen Krönung als Karl VII. am 12. Februar besiegelt wurde. Dieser Erfolg hatte aber weder Substanz noch Dauer, denn die Machtbasis dieses wittelsbachischen Kaisertums beruhte ausschließlich auf französischen Truppen. Außerdem überwand Österreich schnell seinen Schwächeanfall: Zwei Tage nach der Frankfurter Kaiserkrönung besetzten die Österreicher München.

Bayern, so die Absicht Wiens, sollte als Kompensation für das von Preußen eroberte Schlesien dienen, ein Kalkül, das zum raschen Abschluss des Berliner Friedens vom Juli 1742 beitrug, mit dem Preußen kurzzeitig aus der anti-österreichischen Allianz ausscherte. Zwar gelang es dem Kaiser, der von Frankreich unterstützt „im Exil" in Frankfurt lebte, im Herbst 1744 seine bayerischen Erblande „zurückzuerobern" und in München einzuziehen – ausschlaggebend für diesen Erfolg war der Zweite Schlesische Krieg, den Friedrich II. mit seinem Einfall in Nordböhmen begann –, aber Karl VII. war von dem politisch-kriegerischen Hazard, auf den er sich eingelassen hatte, so verbraucht, dass er am 20. Januar 1745 in München starb.

Der Tod Kaiser Karls VII. ging dem endgültigen Schlusspunkt, der dem bayerischen Machttraum gesetzt wurde, unmittelbar voraus: Österreich fiel erneut in das Kurfürstentum ein und schlug Mitte April bei Pfaffenhofen an der Ilm die französischen Truppen. Um wenigstens Bayern zu retten, verweigerte sich Maximilian III. Joseph, der Sohn Kaiser Karls VII., allen Vorstellungen Frankreichs und Preußens, die Politik seines Vaters fortzusetzen. Am 22. April 1745 schloss er stattdessen mit Habsburg den Füssener Frieden, der ihm um den Preis eines Bündnisses mit Wien den ungeschmälerten Besitz seiner Erblande garantierte. Gescheitert war damit aber auch die französische Politik, ein katholisches Reich unter der Führung Bayerns als Puffer gegenüber Habsburg zu schaffen.

Der Aufstieg Preußens und dessen erbitterte Konkurrenz mit Österreich stifteten überdies ein neues Gleichgewicht in Deutschland, das zu garantieren Frankreich dazu veranlasste, sich mit Bayern wieder zu verbünden. Dies fiel Maximilian III. Joseph um so

leichter, als der „Siebenjährige Krieg" eine französisch-österreichische Allianz gegen das englisch-preußische Bündnis erzwang, in der Bayern mit dem in Compiègne Ende Juli 1756 geschlossenen Subsidienvertrag die Rolle eines Juniorpartners übernahm und so, wie Ludwig XV. dazu bemerkte, sich wieder „des alten Systems einer Union besann, die zwischen den Häusern von Frankreich und Bayern erblich ist".

Darin sprach sich aber eine Überschätzung der eigenen Stärke aus, denn es war jetzt vor allem das zur neuen europäischen Großmacht aufgestiegene Preußen, das Bayern seit dem Frieden von Hubertusburg, mit dem der „Siebenjährige Krieg" beendet wurde, gegenüber österreichischen Expansionsgelüsten beschützte. In dieser für ihn ungewöhnlichen Rolle verblüffte Friedrich II. die Welt, als er das Kurfürstentum im bayerischen Erbfolgekrieg davor bewahrte, von Österreich verschluckt zu werden. Im Frieden von Teschen musste Bayern lediglich das Innviertel an Österreich abtreten, was entschieden weniger war als die Oberpfalz und Niederbayern, auf die Joseph II. sein Auge geworfen hatte.

Erst die Französische Revolution, gegen die das monarchische Europa vergeblich zu Felde zog, bescherte Bayern wieder das Erlebnis, zwischen die beiden Mühlsteine Österreich und Frankreich zu geraten. Unmittelbare Voraussetzung dafür war jedoch, dass seine neue Schutzmacht Preußen mit dem Sonderfrieden von Basel 1795 aus dem Konflikt ausscherte, um in aller Ruhe seine polnische Beute zu verdauen. Im Duell um die Vorherrschaft in Europa, zu dem Napoleon im Sommer 1805 gegen die dritte europäische Mächtekoalition aufbrach, deren Speerspitze Habsburg war, sah sich Kurfürst Max Joseph, der sich gern aus dem Konflikt herausgehalten hätte, nach verzweifeltem Sträuben schließlich doch dazu genötigt, das ihm von Napoleon angetragene Bündnis einzugehen.

Seine Schwäche ließ Bayern keine andere Wahl, denn Napoleon brauchte ein mit ihm verbündetes Süddeutschland, um Österreich in einem brillant geführten Blitzkrieg, der mit der Schlacht von Austerlitz am 2. Dezember 1805 bereits entschieden wurde, niederzuwerfen. Die damalige Schwäche erwies sich aber als dauernder Gewinn, denn Napoleon stärkte, damit ganz in der Tradition der französischen Politik stehend, Bayern, um Österreich in Schach zu halten. Dieser Absicht des Siegers von Austerlitz verdankt Bayern nicht nur seine heutige territoriale Gestalt und Geschlossenheit, sondern auch den lange vergeblich erstrebten Aufstieg seiner Kurfürsten zur Königswürde. *Johannes Willms*

Kornblumenblau mit Raupenhelm

Als Bündnispartner wurde Bayern immer wieder in militärische Konflikte verwickelt – das Heer war wichtig für den Zusammenhalt der Landesteile und besser als sein Ruf

Zum bayerischen Selbstverständnis gehört es seit 1945, dass das Land, in wohltuendem Gegensatz zu Deutschlands nördlicheren Gefilden, keine „ruhmreiche" militärische Tradition besitzt. Die Bayern sind gemütlich, ihre Könige kunstsinnig, die Generäle sind entweder keine Feldherren oder keine Einheimischen, und der einzige wichtige Beitrag der Königlich Bayerischen Armee zur Landeskultur ist der Bayerische Defiliermarsch, der aber im Bierzelt und nicht etwa auf dem Paradeplatz zu ertönen hat. Ausländische Besucher wussten aus der königlichen Hauptstadt freilich von Eindrücken zu berichten, die sich nicht so recht mit dem Klischee einer unmilitärischen Oase vertragen wollen. „Dieses allgegenwärtige Militär in München hängt einem wirklich zum Halse heraus", klagt 1860 der englische Privatgelehrte Edward Wilberforce, und der französische Journalist Victor Tissot meldet 15 Jahre später mit Erstaunen: „Man hat nicht erwartet, das Heiligtum der deutschen Kunst hinter einem Vorhang von Bajonetten verborgen zu sehen, sondern war der Ansicht, die Münchner seien vollauf mit dem Studium der Kunst beschäftigt – und nun trifft man sie beim Exerzieren an."

Bayerns erster König Max I. Joseph war für eine militärische Laufbahn bestimmt gewesen und hatte ein französisches Infanterieregiment kommandiert, bevor er durch eine Reihe unvorsehbarer Todesfälle Alleinerbe aller wittelsbachischen Territorien wurde. Die Reorganisation der von seinen Vorgängern vernachlässigten Armee war ihm eine Herzensangelegenheit. Die kornblumenblaue Uniform und der Raupenhelm wurden gleich am Anfang seiner Herrschaft eingeführt, 1805 kam die Wehrpflicht, die allerdings noch keine wirklich allgemeine war, sondern viele Ausnahmen zuließ. Die Armee war aber nicht einfach ein kostspieliges Steckenpferd des Königs, sondern auch bittere bündnispolitische Notwendigkeit. In den Wirren der Revolutions- und napoleonischen Kriege, in denen alte Staaten verschwanden und neue aus ihren Trümmern geschaffen wurden, befand sich Bayern in einer gefährlichen Zentrallage zwischen den Machtblöcken. Nur ein schlagkräftiges Heer gab dem Land Gewicht als Bündnispartner.

Die militärische Respektabilität war unabdingbare Voraussetzung für die geschickte Allianzpolitik des Außenministers Montgelas und damit für die territoriale Ausdehnung Bayerns und die Erhebung zum Königreich. Das hatte freilich seinen Preis: Als Juniorpartner wurde das Land immer wieder in Kriege verwickelt, die nicht die seinen waren. Nicht weniger als sieben Mal innerhalb von 16 Jahren musste Max I. Joseph seine Soldaten in den Krieg schicken, darunter der katastrophale Zug nach Russland 1812, in dem faktisch die ganze Armee mit 30 000 Mann zugrunde ging.

Dem Heer fiel aber auch innenpolitisch eine Schlüsselrolle zu. Es bildete eine Klammer, die die alt- und neubayerischen Gebiete verband. Die Wehrpflicht, die gemeinsam erlebte Dienstzeit war das wohl wichtigste Vehikel, um ein gesamtbayerisches Staatsbewusstsein zu schaffen. Zugleich verkörperte die Armee die Einheit von Krone und Volk, „In Treue fest", wie es auf den Koppelschlössern stand. Dieser Aspekt lag Max Josephs Nachfolger, Ludwig I., besonders am Herzen. Im Gegensatz zu seinem Vater war er selbst mit in den Krieg gezogen, hatte Feldzüge und Schlachten erlebt. Er ließ von Künstlern wie Kobell, Heß und Adam die Taten der Armee in den napoleonischen Kriegen verewigen und schuf damit den Ausgangspunkt der international renommierten bayerischen Schlachtenmalerei des 19. Jahrhunderts.

Totentafel der Brüder Sebastian, Matthias
und Johann Pfaffenhuber aus dem
niederbayerischen Wassing, die bei Napoleons
Russland-Feldzug 1812 gefallen sind.
30 000 Bayern fanden dort den Tod

Die Schlacht bei Arcis sur Aube, am 20. März 1814, war die letzte, die bayerische Truppen gegen Napoleon schlugen. Die Bayern unter Wrede siegten, wie schon in Brienne und Bar sur Aube. Das Bild stammt von dem Schlachtenmaler Peter von Heß

Und er sorgte dafür, dass der Ruhm des bayerischen Soldaten in seinem neuen München monumentale Präsenz gewann: Feldherrnhalle, Siegestor, der Obelisk auf dem Karolinenplatz, die nach Schlachten wie Brienne, Bar, Arcis benannten Straßen.

Merkwürdigerweise war es derselbe König, der seiner Armee Ruhmestempel für vergangene Kriege errichtete, der gleichzeitig an der real existierenden Truppe die Künste seiner Sparpolitik erprobte. Damit wurde, allen Warnungen des Prinzen Carl zum Trotz, eine Entwicklung eingeleitet, die weniger in grundsätzlichem Antimilitarismus als in knausriger Kurzsichtigkeit begründet war und die in das Debakel von 1866 führen sollte.

1866 leitete eine Wende ein, die schon vor und erst recht nach dem Triumph über Frankreich 1870/71 zu einer zunehmenden „Prussianisierung" der bayerischen Armee führte. 1868 wurde die allgemeine Wehrpflicht im vollen Sinn des Wortes eingeführt, 1888 verschwand gar der gute alte Raupenhelm und machte der Pickelhaube Platz. Aber Bayern konnte sich dennoch, wie kein zweites Land, bei der Reichsgründung Reservatrechte sichern, die ihm gerade auf militärischem Gebiet große Eigenständigkeit be-

wahrten. Seine Armee bildete im Frieden „einen in sich geschlossenen Bestandteil des deutschen Bundesheeres mit selbstständiger Verwaltung unter der Militärhoheit des Königs von Bayern." Selbst im Ersten Weltkrieg waren die Bayern in einer eigenen Armee zusammengefasst, nämlich der VI. unter dem Kommando des Kronprinzen Rupprecht, des einzigen wirklichen Feldherrn, den die Wittelsbacher in der Königszeit hervorgebracht haben und der seine den Sturz der Monarchie überdauernde Popularität nicht zuletzt seinem militärischen Prestige zu danken hatte.

Die bayerische Armee war aber nicht nur ein Instrument der Staatsräson und der Machtpolitik nach innen und außen, sondern war fest in die Volkskultur integriert. Die Dienstzeit stellte für viele Männer das wichtigste Erlebnis dar und bildete einen Bestandteil ihrer Identität. Der „Leiber" (Soldat des Infanterieleibregiments) in seiner blauen Uniform oder der „Schwalangschär" (Cheveauleger, leichter Reiter) in seiner grünen waren aus dem Straßenbild der vielen Garnisonsstädte nicht wegzudenken und sind heute noch nicht ganz aus der Erinnerung verschwunden.
Marcus Junkelmann

1805 Bayern tritt an die Seite Frankreichs im Krieg gegen Österreich; modernes Staatsbeamtengesetz; Erwerb der Restbistümer Eichstätt und Passau, der Städte Lindau und Ausburg und von Tirol; Reichspost wird Landespost; Bayer. Staatsbank entsteht

1806 Bayern wird Königreich; Max I. Joseph zum König proklamiert; Bayern tritt dem Rheinbund bei; Erwerb von Ansbach und Nürnberg (mit zwei Millionen Gulden Schulden)

1806/1808 Abschaffung der Tortur

1807 Abschaffung aller Steuerprivilegien; Bayern wird eine Zolleinheit; allgemeine Impfung gegen Pocken

1808 Die Konstitution: Gleichheit aller vor dem Gesetz; die Post wird vom Staat übernommen; Gründung der Akademie der bildenden Künste; Ende der Leibeigenschaft

1809 Bayern und Franzosen kämpfen gegen die Österreicher; aufständische Tiroler schlagen ein bayerisches Heer am Bergisel; Edikte über die Gleichberechtigung der drei christlichen Konfessionen

1810 Erwerb von Salzburg, Berchtesgaden, Regensburg und Bayreuth; Verlust Südtirols; anlässlich der Hochzeit des Kronprinzen Ludwig findet erstmals das Oktoberfest in München statt

1811 Errichtung des Königl. Bayerischen Hof- und Nationaltheaters durch Karl von Fischer

1812 An Napoleons Feldzug nach Russland müssen 33 000 Bayern teilnehmen, die fast alle umkommen

1813 Durch den Vertrag von Ried tritt Bayern noch vor der Leipziger Völker-

Eine Postkarte aus dem Jahr 1914 karikiert die Erinnerung an die plötzliche Zugehörigkeit Unterfrankens zu Bayern 100 Jahre zuvor

schlacht auf die Seite der Verbündeten gegen Napoleon; der bayerische General von Wrede kämpft bei Hanau gegen Napoleon; Strafrecht des Paul Johann Anselm von Feuerbach; das Judenedikt bringt teilweise Gleichberechtigung

1814 Die Bayern unter Wrede siegen bei Brienne, Bar sur Aube und Arcis sur Aube

1814/1815 Bayern nimmt am Wiener Kongress teil, Minister Montgelas reist nicht mit

1814 Salzburg und Tirol kommen an Österreich, Würzburg und Aschaffenburg an Bayern

1816 Erwerb der linksrheinischen Pfalz (u. a. auch mit Gebiet der Reichsstadt Speyer)

1817 Sturz Montgelas', Hungerjahr

1818 Max I. erlässt eine moderne Verfassung

1819 Der erste Landtag tritt zusammen; Wittelsbacher Hausgesetz; der König, Erbauer des Alten Botanischen Gartens in München, fördert die Botaniker Spix und Martius

1820 J. Stieler wird Hofmaler

1821 Tegernseer Erklärung des Königs über den Verfassungseid, Versöhnung der katholischen Kirche mit der neuen Ordnung

1822 Verordnung über die Schaffung von Landräten in Bayern nach Pfälzer Muster; Hypothekengesetz; Georg von Reichenbach und Joseph von Fraunhofer fordern Errichtung einer polytechnischen Anstalt, das Vorhaben scheitert an Geldmangel

1825 König Max I. Joseph stirbt, Ludwig I. besteigt den Thron

Das Oktoberfest-Pferderennen auf der Münchner Theresienwiese anno 1823. Ein Bild von Heinrich Adam. Das Oktoberfest geht zurück auf das Hochzeitsfest des bayerischen Kronprinzen Ludwig mit Therese von Sachsen-Hildburghausen am 12. Oktober 1810

Ein Egozentriker an der Macht

Herrscher, Mäzen, Privatmann – Ludwig I. glaubte, mehrere Leben nebeneinander führen zu können und scheiterte schließlich 1848

Es war in der Nacht vom 14. auf den 15. Oktober 1825. Kronprinz Ludwig von Bayern, der mit seiner Familie den Herbst in Bad Brückenau verbrachte, hatte angeordnet, geweckt zu werden, um den damals am Himmel vorüberziehenden Kometen zu sehen. Bald nach Mitternacht trat der Kammerlakai in das Schlafzimmer. Er sagte nichts über die Sterne, sondern meldete den Kommandeur des in München stationierten Garde-

Ludwig I. ließ sich 1854 von Franz Hanfstaengl in Uniform fotografieren. Sechs Jahre vorher hatte er als König abgedankt

Kürassier Regiments, Oberst von Greis. Der Kronprinz ließ den Offizier an sein Bett treten. Dieser redete Ludwig mit Majestät an, überreichte die Nachricht vom Tod des bisherigen Königs Max I. Joseph und berichtete, dass die Truppen in Würzburg bereits den Eid auf den neuen Souverän geschworen hätten. Ludwig dachte an „Gebäude-Aufführung" und an „der Pfalz Zurückerwerb". Die Tränen kamen später, der Schock auch: „Ach wie schwer fällt mir's, das stille Leben zu verlassen und König zu sein."

Er war 39 Jahre alt. Als Siebenjähriger hatte er aus Mannheim fliehen müssen, als Neunjähriger in dem Schlösschen Rohrbach von seiner sterbenden Mutter Abschied genommen. 1799 war er mit seinem Vater nach München gekommen. Fünf Jahre später, eben volljährig, war er zum ersten Mal nach Italien gereist, 1806 hatte er ein halbes Jahr am Hof Kaiser Napoleons in den Tuilerien verbracht.

In den Feldzügen von 1807 und 1809 hatte er die bayerischen Truppen begleitet, nachher als Generalgouverneur in Salzburg und Innsbruck seinen Vater vertreten. Auf die Politik hatte er wenig Einfluss gehabt. Nach dem Wiener Kongress, der Europa neu geordnet hatte, gelang es ihm, den ungeliebten Minister Montgelas zu stürzen. Dann nahm er das Heft in die Hand. Er setzte in der Regierung Leute seines Vertrauens durch, verteidigte die neue Verfassung gegen deren Gegner, bestimmte die städtebaulichen Planungen für den Königsplatz, den Odeonsplatz und die Ludwigstraße. Er plante, autoritär und gleichzeitig liberal zu regieren, wenn er einmal den Thron bestiege. Nun war er an der Macht. Zwei Wunden schmerzten ihn. Es war nicht gelungen, die rechtsrheinische Pfalz mit Heidelberg und Mannheim, wo seine Vorfahren regiert hatten, nach dem Ende der Herrschaft Napoleons für Bayern zu gewinnen, und das geliebte, erst

BEHAR

1825 folgte Ludwig I. seinem
Vater auf dem bayerischen
Thron. Josef Stieler malte den
Herrscher in Hermelin und mit
den Throninsignien, gestützt
auf die Verfassungsurkunde.
Im Hintergrund die Walhalla, die
Klenze zu der Zeit gerade plante

Der Erzgießer Ferdinand von Miller vor dem Kopf der Bavaria. Ludwig I. hatte 1834 den Auftrag für ein Sinnbild des Königreichs Bayern erteilt. 1850 wurde die Bavaria auf der Theresienwiese enthüllt. Ludwig I., der zwei Jahre vorher abgedankt hatte, war als Ehrengast dabei

1809 erworbene Salzburg zu behaupten. Seine außenpolitischen Ziele erklären sich aus seinem dynastischen und historischen Denken. Im Zeitalter der deutschen Nationalbewegung waren sie anachronistisch. Das innenpolitische Programm hört sich wie das Ergebnis moderner Koalitionsverhandlungen an: Haushaltssanierung und innere Reformen.

Dazu kamen zwei Leitvorstellungen der abendländischen Monarchie: Vertiefung der christlichen Botschaft und Stärkung der Autorität der Krone. Allerdings – der Spagat zwischen dem monarchischen Prinzip als oberstem Grundsatz der Staatsordnung und liberalen Ideen von der Teilhabe der Bürger an der Staatsmacht war sehr groß. Der politische Himmel verfinsterte sich. In Frankreich brach eine Revolution aus. Im Rheinkreis und in Franken meldeten sich die Vorkämpfer der deutschen Einheit und der Bürgerrechte zu Wort. Der König reagierte mit der Entsendung von Truppen, mit Verhaftungen und Prozessen.

Immer stärker profilierte Ludwig sich als katholischer Herrscher. 1837 berief er einen streng kirchlich ausgerichteten Innenminister. Er mischte sich in den Streit zwischen dem Erzbischof von Köln und der preußischen Regierung ein und zwang die evangelischen Soldaten, die in der bayerischen Armee dienten, an katholischen Gottesdiensten teilzunehmen und bei der Wandlung das Knie zu beugen.

Von den Vorsätzen, mit denen er seine Regierung begonnen hatte, war nicht viel übrig geblieben. Die innenpolitischen Schwierigkeiten, mit denen Ludwig zu kämpfen hatte, haben sein Bild nicht nachhaltig geprägt. Tiefer haben sich seine Züge in das kollektive Gedächtnis eingegraben, weil er die Bedeutung der Geschichte für die Bewusstseinsbildung erkannte und der Kunst eine entscheidende Erziehungsaufgabe zuwies. Damit hat er sein Königreich in der europäischen Staatenlandschaft scharf profiliert. Das fiel ihm nicht schwer, weil er selbst seit seiner Jugend geschichtlich zu denken gewohnt und der leidenschaftlichste Kunstsammler seiner Epoche war.

Wenn heute sein Name fällt, denkt man weniger an politische Aktionen als an die Walhalla und die Bavaria, an die Glyptothek und die Pinakotheken, an die Feldherrnhalle und das Siegestor, an die repräsentativen Plätze der bayerischen Hauptstadt und auch an das Pompejanum bei Aschaffenburg und die Villa Ludwigshöhe am Abhang des Pfälzer Waldes. Er zwang seine Architekten, Bildhauer und Maler in die von ihm erdachten Konzeptionen hinein, um dem großen Zweck zu dienen, der bayerischen Monarchie

**Kronprinz Ludwig, der spätere König Ludwig I.,
als Oberst des 3. bayerischen Cheveaulegers-Regiments
um 1808, gemalt von Wilhelm von Kobell (1766–1853)**

einen unverwechselbaren Ausdruck zu geben und seinen Namen, den Namen des regierenden Königs, unauslöschlich mit diesem Profil zu verbinden. Die Vorbilder suchte er sich in Rom, in Florenz, in Athen. Die Anlehnung an klassische Modelle machte ihm keine Sorgen. Wenn München in die Reihe der Metropolen aufsteigen sollte, waren die besten Muster gerade gut genug. Der Vorwurf des Historismus und Eklektizismus, den schon die Zeitgenossen erhoben, hat ihn kaum berührt.

Ludwig war ein vitaler und sensibler, für sinnliche Reize überaus empfänglicher Egozentriker. Er glaubte, mehrere Leben nebeneinander führen zu können, das des Königs und das des Privatmanns, das des Mäzens, der gegenüber den Künstlern die Standesschranken abbaute, und das des Liebhabers, der nur dann glücklich ist, wenn er von schönen Frauen geliebt und bewundert wird. Die Zerklüftung seines Wesens in disparate Persönlichkeitsbereiche lässt sich in seinem ganzen Lebensgang verfolgen. Niemals ist sie so deutlich geworden wie in der großen Affäre, die der 60-Jährige sich leistete und mit der er seine Zukunft als Herrscher aufs Spiel setzte: in der zwei Jahre dauernden Beziehung zu Lola Montez. Zum ersten Mal vermochte er es nicht mehr, die Sphären, innerhalb derer er sich bewegte, auseinander zu halten. Gegen alle Regierungsvernunft gestattete er seiner jungen Freundin, sich in der Öffentlichkeit mit ihrem Verhältnis zu brüsten und auf die Besetzung der Regierungsämter Einfluss zu nehmen. Die durch den Skandal ausgelöste Erregung mündete in die allgemeine revolutionäre Stimmung ein, die sich damals in ganz Europa ausgebreitet hatte.

Die bayerische Öffentlichkeit verlangte die Entfernung der Geliebten des Monarchen aus München, gleichzeitig aber einen Umbau der Staatsordnung, Ministerverantwortlichkeit und Pressefreiheit, ein neues Wahlrecht, öffentliche Gerichtsverhandlungen, die Vereidigung der Truppen auf die Verfassung. Ludwig kapitulierte. Lola reiste ab. Nach 14 Tagen musste der König einsehen, dass der Sturm, den seine Willkür und sein Starrsinn entfesselt hatten, stärker war als er. Am 19. März 1848 übertrug er die Krone seinem ältesten Sohn. Dem Bildhauer Johann Martin von Wagner gestand er ein, dass er gescheitert war: „Habe immer gesagt, wirklich König sein oder die Krone niederlegen, und so habe ich es nun getan. Die Empörung hatte gesiegt. Regieren konnte ich nicht mehr und einen Unterschreiber abgeben wollte ich nicht. Statt Sklave zu werden wurde ich Freiherr." Er hatte noch zwanzig Jahre zu leben. Es freute ihn, seine letzten Bauten vollendet zu sehen. Am 29. Februar 1868 starb er in Nizza.

Hubert Glaser

Königliche Proklamation.

Ich habe Mich entschlossen die Stände Meines Reiches um Mich zu versammeln; dieselben sind auf den 16. d. Mts. in die Hauptstadt berufen.

Die Wünsche Meines Volkes haben in Meinem Herzen jederzeit vollen Wiederhall gefunden.

An die Stände des Reiches werden ungesäumt Gesetzes-Vorlagen gelangen, unter anderen:

über die verfassungsmäßige Verantwortlichkeit der Minister;

über vollständige Preßfreiheit;

über Verbesserung der Stände-Wahl-Ordnung;

über Einführung der Oeffentlichkeit und Mündlichkeit in die Rechtspflege mit Schwur-Gerichten;

über die in der IX. Verfassungs-Beilage angedeutete umfassendere Fürsorge für die Staatsdiener und deren Relikten; dann deren Ausdehnung auf die übrigen Angestellten des Staates;

über Verbesserung der Verhältnisse der Israeliten.

Ferner ordne Ich in diesem Augenblicke die schleunige Abfassung eines Polizei-Gesetz-Buches an; ebenso befehle Ich die unverzügliche Beeidigung Meines Heeres auf die Verfassung, und lasse Ich von heute an die Censur über äußere wie innere Angelegenheiten außer Anwendung treten.

Bayern erkennt in diesem Entschlusse die angestammte Gesinnung der Wittelsbacher.

Ein großer Augenblick ist in der Entwicklung der Staaten eingetreten. Ernst ist die Lage Teutschlands. Wie Ich für teutsche Sache denke und fühle, davon zeugt Mein ganzes Leben. Teutschlands Einheit durch wirksame Maßnahmen zu stärken, dem Mittelpunkte des vereinten Vaterlandes neue Kraft- und nationale Bedeutsamkeit mit einer Vertretung der teutschen Nation am Bunde zu sichern, und zu dem Ende die schleunige Revision der Bundes-Verfassung in Gemäßheit der gerechten Erwartungen Teutschlands herbeizuführen, wird mir ein theurer Gedanke, wird Ziel meines Strebens bleiben.

Bayerns König ist stolz darauf, ein teutscher Mann zu seyn.

Bayern! Euer Vertrauen wird erwiedert, es wird gerechtfertigt werden! Schaaret Euch um den Thron. Mit Euerem Herrscher vereint, vertreten durch Euere verfassungsmäßigen Organe, laßt Uns erwägen, was Uns, was dem gemeinsamen Vaterlande Noth thut.

Alles für Mein Volk! Alles für Teutschland!

München, den 6. März 1848.

Ludwig.

Maximilian, Luitpold, Adalbert, Karl,
Kronprinz. Prinz von Bayern. Prinz von Bayern. Prinz von Bayern.

Fürst v. Oettingen- v. Beisler. v. Heres. v. der Mark.
Wallerstein.

v. Voltz.

Faksimile der Proklamation Ludwigs I., in der er unter anderem Gesetze über Ministerverantwortlichkeit, Pressefreiheit und Verbesserung der Ständewahlordnung in Aussicht stellt. Der König versuchte damit, die Unruhen in der Bevölkerung zu beenden. Zwei Wochen später dankte er ab

Ein Feuerwerk erleuchtet am Samstag, 25. Oktober 2003, die Walhalla bei Regensburg, eines der bedeutendsten deutschen Nationaldenkmäler. Die Tradition des Feuerwerks an der Walhalla geht zurück auf König Ludwig I. Er ließ den Monumentalbau bereits 1842 bei der Einweihung mit bengalischem Licht illuminieren. Auch 1992, zum 150. Jahrestag der Eröffnung, gab es ein beeindruckendes Lichterspektakel

Knickrig, aber nicht in allem

*Politisch und militärisch stand Bayern in der zweiten Reihe,
da baute der König München zur viel gepriesenen Kunststadt aus*

Bayern ist so gut wie pleite. Die Haushaltssituation nennt man wohl „dramatisch" und die weiteren Aussichten dürften mit dem Wort „trostlos" einigermaßen korrekt beschrieben sein. Der Schuldenstand des Landes hat eine neue Rekordmarke erreicht. Die gefühlte Zeit bei solchen Nachrichten ist möglicherweise das Jahr 2005. Wir schreiben aber 1825 und den Regierungsantritt Ludwigs I. Auch die Maßnahmen, die der neue König nun ergreift, kommen den Bayern des Jahres 2005 vermutlich seltsam vertraut vor: Stellenstreichungen, Verwaltungsreformen mit dem Ziel einer Entbürokratisierung, Reduzierung und Verlagerung der staatlichen Aufgaben. Um gleich einmal deutlich zu machen, dass er es ernst meint, kürzt Ludwig die Gehälter seiner Minister um 40 Prozent.

Am schlimmsten trifft Ludwigs Sparprogramm das Militär. Da kommt es schon einmal vor, dass er einen Kavalleriegeneral aus Kostengründen erst mit 86 in die Pension entlässt – obwohl der gute Mann angeblich seit 20 Jahren nicht mehr auf einem Pferd gesessen ist. Es trifft sich gut, dass Ludwigs eiserner Sparkurs nicht nur der Pflicht entspringt, sondern zu einem guten Teil auch der Neigung. Gerade für Ludwigs persönliche Ansprüche gilt die Parole „Geiz ist geil". Kurz gesagt: Der König ist extrem knickrig. Wer je Ludwigs jahrzehntelang getragenen Morgenmantel im Münchner Stadtmuseum gesehen hat, wundert sich, dass es damals keine mitleidigen Untertanen gab, die ihrem Herrscher beispielsweise per Spendenaktion einen Ersatz spendierten.

Umso verblüffender ist es, dass Ludwig – extremer Geizhals hin, rigider Sparzwang her – auf einem Gebiet, und nur auf diesem, von verschwenderischer Großzügigkeit ist: der Kunst. Seit er sich als junger Kronprinz in Rom „infiziert" hat, sammelt er: antike Vasen und Skulpturen, altdeutsche Malerei, zeitgenössische Kunst. Er schickt seine Kunstagenten durch ganz Europa, immer auf der Suche nach Spitzenstü-

Ludwig I. stellte für die 1830 eröffnete Münchner Glyptothek eine glänzende Sammlung antiker Skulpturen zusammen. Zu ihnen gehört auch der Barberinische Faun (um 220 v. Chr.)

cken. Zweitklassiges interessiert ihn nicht. Und er baut. Museen für seine Sammlungen, die er erstmals nicht als Appendix der Residenz präsentieren möchte, sondern als etwas Eigenständiges. So entstehen die Glyptothek, die Alte und die Neue Pinakothek. Das wird auch in Berlin zur Kenntnis genommen.

Der Ausbau der Museumsinsel dort ist nicht zuletzt ein Reflex auf die Aktivitäten des bayerischen

Königs. Der verändert seine Residenzstadt in einem Ausmaß wie niemand vor ihm und keiner nach ihm. Gleichzeitig beginnt mit ihm der Denkmalschutz in Bayern. Dass Nürnberg sein mittelalterliches Erscheinungsbild ins 20. Jahrhundert retten kann, ist ihm zu verdanken: Er bewahrt die Kaiserburg und die alte Stadtbefestigung vor der Zerstörung. Die Liste der kulturpolitischen Leistungen dieses Königs ließe sich beliebig fortsetzen. Was ihn antreibt, ist zum einen sicherlich Enthusiasmus für die Kunst. Zum andern aber wohl auch politisches Kalkül. Ludwig war sich der Tatsache bewusst, dass sein Bayern politisch und militärisch mit den Großmächten ringsum nicht mehr konkurrieren konnte. In dieser Hinsicht musste man endgültig in der zweiten Reihe Platz nehmen. Wollte man international reüssieren, brauchte man eine eigene Nische. Ludwigs Antwort lautete: Kunst. Seine berühmte Ankündigung, er wolle aus München eine Stadt machen, „die Teutschland zur Ehre gereichen soll, dass keiner Teutschland kenne, wenn er nicht München gesehen hat", darf nicht als „Bayern vorn"-Rhetorik missverstanden werden. Sie ist kulturpolitisches Programm, und der König setzt dieses eins zu eins um. Das Resultat ist die seither viel gepriesene „Kunststadt München" und der sogar in der Verfassung verankerte „Kulturstaat Bayern". Die Frage, ob es sich bei den staatlichen Ausgaben für Kunst nun um Subventionen handelt oder nicht doch eher um Investitionen, ist somit schon vor 180 Jahren schlüssig beantwortet worden.   *Toni Schmid*

Am 20. März 1848 erreichten die revolutionären Unruhen auf den Straßen von München ihren Höhepunkt. König Ludwig I. dankte ab. Die Steinzeichnung zeigt die Erstürmung des Zeughauses am Jakobsplatz, in dem heute das Münchner Stadtmuseum untergebracht ist

Schauplätze der Kunst

*Die Baumeister Fischer, Klenze und Gärtner machten aus München
eine Residenzstadt von europäischem Format*

Keine der führenden Großstädte Deutschlands ist so markant von den Bauten ihres ehemaligen Fürstenhauses geprägt wie die bayerische Landeshauptstadt. Obwohl München sich lange Zeit die Herrschaft in Bayern mit anderen wittelsbachischen Residenzstädten teilen musste, wurde die Stadt doch so reich mit fürstlichen Stiftungen, mit Schloss-, Kirchen- und Klosterbauten, Museen, Bildungsanstalten, Plätzen und Gartenanla-

Hofarchitekt Ludwigs I.: Leo von Klenze (1784–1864) vollzog
die klassizistische Umgestaltung des Münchner Stadtbildes

gen beschenkt, dass sie auch heute noch als die Kunststadt Nummer eins in Deutschland gefeiert werden kann. Als Bayern 1806 Königreich wurde, hatten die vor den Toren Münchens errichteten Sommerresidenzen Nymphenburg und Schleißheim schon ihre endgültige Größe erreicht. Doch in der noch ganz mittelalterlich geprägten, vergleichsweise engen Stadt selber, die nun als Königliche Haupt- und Residenzstadt des neu geschaffenen großen Landes plötzlich europäische Bedeutung simulieren musste, waren auf vielen Gebieten Erweiterungsmaßnahmen nötig. Max Joseph ließ darum die begonnene „Entfestigung" der Stadt, also die Beseitigung der Stadtmauern und die Einebnung der Wallanlagen, systematisch fortführen und am neu geschaffenen Alleenring westlich der Altstadt erste Wohnbauten errichten.

In Carl von Fischer fand Max Joseph dann den genialen Visionär für seine Ausbaupläne im Nordwesten der Altstadt. Fischer legte eine Straßenachse – die heutige Briennerstraße – von der Residenz aus nach Westen in Richtung Nymphenburg, gab dem neuen Königsweg mit je zwei rechteckigen und zwei runden Plätzen Gewicht und ließ von dieser prächtig rhythmisierten Ost-West-Koordinate aus den Straßenraster der nördlich anschließenden Maxvorstadt erwachsen. Mit diesem vielversprechenden stadträumlichen Grundmuster konnte dann Leo von Klenze, als er 1816 von Kronprinz Ludwig mit der Verdichtung des Quartiers und mit der Planung der ergänzenden Nord-Süd-Koordinate beauftragt wurde, nachhaltig Wirkung erzielen.

Klenze ließ am Ausgangspunkt der Fischerschen Achse, am Nordausgang der Stadt, das zwischen Hofgarten und Theatinerkirche gelegene Schwabinger Tor abreißen und modellierte auf die planierte Fläche einen der schönsten Plätze nördlich der Alpen, den heu-

Die der „Loggia dei Lanzi" in Florenz nachempfundene Feldherrnhalle neben der Theatinerkirche in München wurde 1841-44 im Auftrag Ludwigs I. nach Entwürfen von Friedrich von Gärtner errichtet. Mit dem Bau wollte Ludwig der bayerischen Armee und ihren siegreichen Feldherrn ein Denkmal setzen

Ein Platz, den Ludwig I. und Klenze der Kultur widmeten: Zwei Ausstellungshäuser begrenzen den Königsplatz in München, der heute auch als Veranstaltungsort für Konzerte verschiedener Art dient. Im Hintergrund die Antikensammlung

te nach dem Odeon genannten Platz, auf dem sich die Ost-West-Achse Fischers und die von Klenze geplante Nord-Süd-Achse, die heutige Ludwigstraße, im rechten Winkel treffen.

Was Klenze als Architekt für den Stadtraum zu leisten vermochte, lässt sich an seinem Konzertsaalbau besonders schön zeigen: Das Odeon, das eine legendäre Akustik besaß, macht zu zwei Plätzen hin wirkungsvoll Figur: Mit seinem baulichen Gegenüber, dem Leuchtenberg-Palais – beide beherbergen heute Ministerien –, fasst es den Odeonsplatz in einer symmetrischen Figur und öffnet gleichzeitig auf elegante Weise ein Tor hinüber zum Wittelsbacherplatz. Klenze hat seine Ludwigstraße zwar nur im untersten Teil mit eigenen Bauten ausstatten können, doch die Nachwelt kann seine Verbitterung über diese künstlerische Enteignung heute nicht mehr teilen. Durch die stilistisch variablen Monumentalbauten seines Konkurrenten Friedrich von Gärtner – die Ludwigskirche, die Universität und die Staatsbibliothek –, aber vor allem durch die wirkungsmächtigen Zielpunkte der Straßenanlage, die Feldherrnhalle und das Siegestor, ist Klenzes Vision vor der klassizistischen Monotonie bewahrt worden.

Auch am Königsplatz haben Kronprinz Ludwig und sein Vollstrecker Klenze die Pläne Fischers mit einem präzisen Konzept korrigiert: Der für Villenbauten vorgesehene Rechteckplatz wurde der Kultur gewidmet und nach einigen Planänderungen mit drei freistehenden „griechischen Bauten" gefasst: mit der „jonischen" Glyptothek, einem prachtvoll ausgemalten Schatzhaus für antike Bildwerke, mit dem „korinthischen" Ausstellungsgebäude und der zur Karlstraße hin orientierten Bonifaz-Kirche und mit den „dorischen" Propyläen, diesem mächtigen Tormonument, das die neue Beziehung Bayerns zum befreiten Griechenland symbolisch feiern sollte.

Einen dritten Schauplatz für die Künste hat Ludwig dann etwas nördlich vom Königsplatz eröffnet. Für die in München vereinten Gemäldesammlungen der verschiedenen Wittelsbacher-Linien hatte schon Max Joseph ein Museum errichten wollen. Der langgestreckte Galeriebau der Alten Pinakothek, den Klenze dann für Ludwig entwarf, ist als Prototyp in die Geschichte der Baukunst eingegangen. Bis ins 20. Jahrhundert hinein haben sich Museumsarchitekten an der klugen Raumhierarchie und an der genialen Oberlichttechnik Klenzes orientiert. Einer der interessantesten Folgebauten ist in München selber entstanden: Direkt der Alten Pinakothek gegenüber wurde

1853 die von Ludwig als bauliches Pendant in Auftrag gegebene, von Voit und Gärtner gestaltete Neue Pinakothek als Haus für die Gegenwartskunst eröffnet.

Die umfänglichsten Baumaßnahmen in der Hauptstadt des jungen Königreichs Bayern fanden aber im Umfeld der Residenz statt. Das seit 1811 im Bau befindliche, aber nach Brand und Planänderungen erst 1825 richtig bespielbare „Königliche Hof- und Nationaltheater" kann als glorioses Gesamtkunstwerk der Epoche gelten: Alle in München tätigen Größen der Architektur haben bei diesem Meisterwerk des Theaterbaus irgendwann Ideen beigesteuert. Wiederum war es aber Klenze vorbehalten, den übrigen Partien der Residenz ihre endgültige, Einheit schaffende Gestalt zu geben. Im Süden, zur Stadt hin, setzte er den Königsbau mit den kunsthistorisch bedeutsamen Nibelungen-Sälen im Erdgeschoss und den Wohnräumen der Königsfamilie im ersten Obergeschoss repräsentativ an den neu geschaffenen Max-Joseph-Platz. Im Norden, zum Hofgarten hin, wo der Renaissancebau der Maximilianischen Residenz und die Reste der mittelalterlichen Neuveste ein recht uneinheitliches Bild boten, schuf er mit dem 252 Meter langen Festsaalbau die große Klammer, die dem Geschiebe ungleicher Bauten und Höfe im Inneren Halt gab, nach außen hin aber mit grandioser Geste Geschlossenheit suggerierte.

Vor allem aber die vernachlässigte Ostseite des Residenzkomplexes wurde unter Ludwig I. aufgewertet und neu gestaltet. Klenze deutete 1825 mit seiner imposanten Hofreitschule (heute Marstall genannt) jenen anspruchsvollen Platz im vormaligen Hinterhofquartier an, dem er selber dann mit der Front des Festsaalbaus, mit dem Apothekenflügel und der Allerheiligenhofkirche seine – leider heute hässlich verbaute – Gestalt gab.

Womit wir an der Maximilianstraße angekommen wären, dem eindrucksvollen Stadtbaukunstwerk des nächsten Wittelbachers. Max II. ist der großen Bau-Tradition seiner Familie gerade dadurch gerecht geworden, dass er sich von den Vorstellungen seiner bauwütigen Ahnen losgesagt hat. Er hat als Stadtplaner in München erstmals offen den Blick nach Osten gerichtet, hat neue Baustile erproben lassen, hat den Bildwerken des Mittelalters im Nationalmuseum eine Heimat gegeben, hat die Wissenschaften gefördert und mit der mutigen Hinwendung zum Eisenbau – Glaspalast, Bahnhofshalle, Großhesseloher Brücke – sein Land für die Zukunft gerüstet. *Gottfried Knapp*

Freund der schönen Künste:
König Ludwig I. mit
Künstlern und Gelehrten auf
einem Gemälde von Wilhelm
von Kaulbach (1805–1874).
Ludwig beauftragte Friedrich
von Gärtner mit dem Bau der
Ludwigskirche (links), die
1844 fertig gestellt wurde,
und Leo von Klenze mit dem
Bau der Alten Pinakothek,
die 1836 eröffnet wurde

Die verhängnisvolle Liebe zu Lola

Er erkannte die Zeichen der Zeit nicht und ließ sich auf einen Kampf
um die Mätresse ein: König Ludwig I. musste abtreten

Dass König Ludwig I. von Bayern den Umgang mit schönen Frauen suchte und sich dabei durch die Gesetze der Schicklichkeit und Dezenz nicht über Gebühr beengen ließ, war seinen Zeitgenossen in München und Bayern wohl bekannt. Dass aber eine Liebesaffäre sich zur Staatsaffäre auswuchs, wie das im Jahr 1847 geschah, das war neu und unerhört.

Am 5. Oktober 1846 war die 25-jährige Irin Elizabeth Rosanna Gilbert, die ohne Papiere reiste, in München angekommen und im Hotel „Zum Bayerischen Hof" abgestiegen. Sie gab sich als Spanierin aus, nannte sich Lola Montez, fälschte ihr Alter, verschwieg ihr Vorleben und beantragte, im Hof- und Nationaltheater als Tänzerin auftreten zu dürfen. Am 7. Oktober erhielt sie eine Audienz beim König, der sich die Genehmigung derartiger Gastspiele vorbehalten hatte. Drei Tage später hatte sie in München ihren ersten Auftritt und wurde vom Laienpublikum stärker als von den Ballettkennern beklatscht.

Über die Audienz kursierte alsbald das Gerücht, der König habe, von der temperamentvollen Koketterie der Dame sehr angetan, Zweifel an der Quantität ihres durch ein Korsett überaus vorteilhaft zur Geltung gebrachten Busens geäußert. Daraufhin habe die Besucherin einen Brieföffner vom Tisch genommen und ihr Mieder aufgeschlitzt, um dem entzückten Monarchen ihre vollendeten Körperformen unverhüllt darzubieten. Der Klatsch wurde in unterschiedlichen Variationen verbreitet. Aber was immer sich in der Szene abspielte – der König fühlte sich in seinen erotischen Energien angesprochen und setzte den ganzen Apparat seiner Gunstbezeugungen in Bewegung, um die schillernde junge Frau näher kennen zu lernen und an sich zu binden. Er genehmigte Lola einen zweiten Auftritt, bot ihr das „Du" an, schenkte ihr Geld und bedachte

sie in einem Nachtrag zu seinem letzten Testament, bestellte ihr Porträt für die Schönheitengalerie, nahm an den Sitzungen bei dem Hofmaler teil, kaufte ihr ein Haus und ließ es herrichten.

Seine Befindlichkeiten in diesen Tagen schilderte er in einem berühmten, heute verlorenen Brief an seinen Jugendfreund Heinrich von der Tann: „Was aber sagt mein lieber Tann erst dazu, dass der sechzig Jahre Alte einer zweiundzwanzigjährigen, schönen, Kenntnisse besitzenden, geistreichen, Herzensgüte habenden Südländerin Leidenschaft eingeflößt hat, ihre erste! Kurzen Aufenthalt hier nur machen wollend, weint sie, an die Abreise denkend. Sie brach alle Verhältnisse ab, sie gab alles auf, ließ sich in München nieder. Bewunderung fühlte sie anfangs für mich, Liebe kam dann dazu. Und ich kann mich mit dem Vesuv vergleichen, der für erloschen galt, bis er plötzlich wieder ausbrach."

Der König hatte seit langem seine Regierung auf entschieden konservative Ziele ausgerichtet: Profilierung Bayerns als katholische Macht, Stärkung des Einflusses der Kirche im Inneren, Klostergründungen, Beschränkung der Lehrfreiheit an den Universitäten, verschärfte Zensur der Presse, und er hatte Männer in die Regierung berufen, die gewillt waren, diesen Kurs durchzusetzen.

Anders hatte sich seine Freundin positioniert. In Paris hatte sie die Kämpfe zwischen den Freimaurern und der klerikalen Partei, die sie in radikaler Vereinfachung „die Jesuiten" nannte, kennen gelernt. In München legte sie ihrem königlichen Freund nahe, selbst die Verbindung zu den Freimaurern zu suchen und die Macht des Klerus, von dem sie sich verfolgt glaubte, zu begrenzen. Ludwig hütete sich davor, ihre Ratschläge wörtlich zu befolgen. Aber weil er selbst seit seiner Jugend dem militanten Katholizismus kritisch gegenüberstand, ließ er sich von ihr in dem Wunsch bestärken, zu den liberale-

Die Affäre

ren Grundsätzen, die er in seinen ersten Regierungsjahren befolgt hatte, zurückzukehren.

Konflikte wurden unvermeidlich, als Lola begann, sich in die Personalpolitik einzumischen. Sie intrigierte gegen den Münchner Polizeidirektor, weil er Material gegen sie sammelte und sie wegen Verleumdung beim Stadtgericht verklagte. Der König sah das als böse Illoyalität an und verlangte von seinem Innenminister, den kritischen Mann nach Landshut oder gar nach Eggenfelden zu versetzen. Der Erzbischof von Breslau warnte den König vor „teuflischen Künsten" und „sündhaften Lippen", vor „Höllenstrafen" und dem „Stein des Anstoßes". Die Königin hielt sich völlig zurück.

Lola ihrerseits, weil sie sich von der Münchner Gesellschaft ausgegrenzt fühlte, gierte nach einer Standeserhöhung. Wenn der König seine Freundin zur Gräfin machen wollte, brauchte sie zuerst das Heimatrecht in Bayern. Derartige Anträge liefen in der Regel über die Kommune. Aber auch der König konnte die Verleihung aussprechen, wenn er zuerst den Staatsrat befragte. Das tat Ludwig, aber das Gremium versagte die Zustimmung. Dann stellte sich der Monarch auf den Standpunkt, den Formalitäten sei genüge getan. Am 10. Februar 1847 erteilte er seiner Freundin das bayerische Staatsbürgerrecht. Die Minister gingen auf Konfrontationskurs. In einem überdeutlichen Memorandum machten sie den König auf die Folgen seiner Handlung aufmerksam. Das bayerische Nationalgefühl sei aufs Tiefste verletzt, weil sich Bayern von einer Fremden, deren Ruf in der öffentlichen Meinung gebrandmarkt sei, regiert glaube. Sie stellten den Monarchen vor die Alternative, entweder mit der Geliebten zu brechen oder den Rücktritt der Minister zu genehmigen.

Einen solchen Affront hatte es in der bayerischen Staatsgeschichte noch nie gegeben. Der König entschied sich eindeutig. Er entließ die Minister und berief neue Männer an die Spitze des Staates, von denen er glaubte,

dass sie der Dame seines Herzens wohlgesonnen seien. Seiner Entscheidung gab er eine grundsätzliche Note: „Die Frage, ob der König oder die Jesuitenpartei herrschen werde: ich habe sie gelöst." Die Minister, die nun die Geschäfte übernahmen, gingen daran, den Klerikalismus zurückzuschneiden. Sie gaben einen Erlass gegen den Kanzelmissbrauch heraus, unterstellten das Nonnengelübde der staatlichen Kontrolle, begannen die Zensur zu lockern. Aber es gelang ihnen nicht, mit dem Lola-Problem fertig zu werden.

Im April 1847 bezog die Favoritin des Königs ein nobles Haus an der Barer Straße; im August wurde sie zur Gräfin Landsfeld erhoben. Das Studentencorps Alemannia stellte sich als ihre persönliche Leibgarde zur Verfügung. Gerüchte über ihren Lebenswandel, die für den König außerordentlich peinlich waren, kursierten in der Stadt. Als auch die Mitglieder der neuen Regierung sich weigerten, der zwielichtigen Freundin des Königs ihre Aufwartung zu machen, wechselte der König ein zweites Mal seine engsten Mitarbeiter aus. Der Strudel der Ereignisse verselbstständigte sich, weder der König noch die Regierung hatten das Heft in der Hand. Auf das Militär war kein Verlass. Die Studenten demonstrierten. Der Umsturz stand vor der Tür.

Der König, in völliger Verkennung der Lage, griff hart zu. Im Februar 1848 schloss er die Universität. Die Bürger gingen auf die Straße. Eine Delegation, begleitet von einer großen Menschenmenge, überreichte in der Residenz eine Bittschrift. Schrittweise gab der König nach. Er nahm die Schließung der Universität zurück. Lola, die sich nicht mehr sicher fühlte, verließ die Stadt, kehrte zurück, wurde noch einmal weggebracht, übernachtete in der Blutenburg, floh nach Lindau. Der König, immer noch bis über die Ohren verliebt, sah sie nicht wieder. Zwei Wochen später kam aus Paris die Nachricht vom Sturz des französischen Königs. Die bürgerliche Revolution griff auf Bayern über. König Ludwig I. gestand eine Reform des Staates zu, fühlte sich dadurch beschädigt und entsagte dem Thron.

Die Lola-Montez-Affaire ist mehr als eine pikante Episode aus dem Königreich Bayern. Sie ist das bayerische Vorspiel zur Revolution von 1848. Dass eine emanzipierte junge Frau einen alternden Machthaber erobert, gehört zu den Erfahrungen des Alltags. Wenn man aber diese Geschichte politisch betrachtet, enthüllt sich in ihr die Krise des nach dem monarchischen Prinzip organisierten Verfassungsstaates. Der König, der die Interessen der Führungsschichten und die Grundüberzeugungen des Volkes verletzt, verliert seinen Halt.

Hubert Glaser

Die Regentschaft von Ludwig I. endete auch wegen seiner Affäre mit der Tänzerin Lola Montez. Die Karikatur zeigt den König mit der Abdankungsschrift beim Betrachten der auf seinem Finger sitzenden „Spanischen Fliege". Die im Hintergrund aus dem Bett lugende Lola hatte sich in München als Spanierin ausgegeben

„Ohne Montgelas wäre Bayern nicht, wie es ist"

Der bayerische Finanzminister ist ein Bewunderer des umstrittenen Staatsmannes, aber auch dessen Gegner Ludwig I. zollt er Anerkennung – nur Ludwig II. begegnet er mit Skepsis

Das Königreich Bayern hat ein riesiges bauliches Erbe hinterlassen, das bis heute auf Interesse und Bewunderung stößt. Für den bayerischen Finanzminister Kurt Faltlhauser, den obersten Verwalter dieser historischen Hinterlassenschaften, hat das Königreich nicht nur deshalb eine besondere Bedeutung.

SZ: *Herr Faltlhauser, wer ist denn Ihr persönlicher Lieblingskönig?*

Faltlhauser: Ludwig I. – er hat München entscheidend gestaltet, seine Ludwigstraße ist gleichsam meine Lebensachse. Ich war Asta-Vorsitzender in der Universität am Ende der Ludwigstraße, in der Staatsbibliothek habe ich intensiv auf mein Examen gelernt, im ehemaligen Geschwister-Scholl-Institut war mein Doktorandenzimmer, und jetzt bin ich hier im Ministerium am anderen Ende der Straße am Odeonsplatz. Also, Ludwig I. als Städtebauer und Kunstmäzen, das beeindruckt mich am meisten. Dazu kommt die Art seiner Regentschaft. Ludwig hat Bayern auf bewundernswerte Weise regiert, fleißig und umsichtig bis ins Letzte. Dies imponiert mir sehr. Da gibt es viele Parallelen zur Technik der heutigen Staatsregierung. Ganz im Gegensatz etwa zur emotionalen Flucht Ludwigs II. aus der Verantwortung.

SZ: *Aber am Ende stand auch bei Ludwig I. das Scheitern.*

Faltlhauser: Gescheitert ist vielleicht seine Vorstellung vom Königtum.

SZ: *Doch die populäre Figur bei den Leuten ist natürlich Ludwig II. So einer müsste doch Sie als Finanzminister in den Wahnsinn treiben.*

Faltlhauser: Das sind Ihre Worte. Meine deutliche Präferenz für den pflichtbewussten und fleißigen Re-

genten, der etwas tut und gestaltet im Rahmen seines Amtes, macht schon deutlich, was ich von der Regierungsarbeit Ludwigs II. halte.

SZ: *Trotzdem hat Ludwig II. ein Erbe hinterlassen, das jetzt zu Ihrem Portefeuille als Finanzminister gehört. Ist das eigentlich für den Freistaat Bayern eher eine Belastung oder bringt das auch etwas ein, wenn man dieses Erbe der Königsschlösser pflegt?*

Faltlhauser: Unterm Strich sind uns die Schlösser lieb und teuer. Neuschwanstein ist das Schloss, das alle laufenden Kosten trägt. Die haben 1,2 Millionen Besucher pro Jahr und dadurch so hohe Einnahmen, dass sie auch ihre Reparaturen und Baumaßnahmen finanzieren können. In meiner Amtszeit haben wir für unsere Schlösser fast eine Gesamtkostendeckung erreicht. Die Sach- und Personalkosten und der laufende Betrieb werden nahezu gedeckt durch Eintrittspreise, Vermietungen und Sonderveranstaltungen, die ich sehr stark ausgeweitet habe. Die Schlösser sind aber nicht nur Finanzfaktor und Touristenattraktion, sondern vor allem ein historischer Anker, der zur Identität des Landes beiträgt.

SZ: *Ein wenig Sehnsucht nach der Monarchie?*

Faltlhauser: Die 200-Jahr-Feier ist keine Feier zur sentimentalen Verherrlichung von Hermelin, Krone und Krönungs- Schnickschnack. Eine Krönung hat ja in Bayern gar nicht stattgefunden. Es geht im Grunde um die Dokumentation einer Gesamtstaatlichkeit unter Einschluss der Franken und der Schwaben. In der Schlacht von Höchstädt haben die Altbayern noch gegen die Schwaben und Franken geschossen und umgekehrt. Deshalb ist diese 200-Jahr-Feier gewissermaßen eine Feier der Eigenständigkeit, der territorialen Staatlichkeit, des historischen Stolzes, der Identifika-

Montgelas schätzt er besonders: Finanzminister Kurt Faltlhauser lobt das „unglaubliche Reformwerk" seines frühen Vorgängers. Das Foto entstand bei der Öffnung eines neuen Eingangs zur Münchner Residenz

tion mit diesem Land. Und keine schwärmerische Zuwendung zu Ludwig II.-Kitsch.

SZ: *War in ihren Augen das Königreich für Bayern eine gute Zeit?*

Faltlhauser: Ich bin in einer Demokratie aufgewachsen, bin Organ einer demokratischen Republik und könnte mir nicht vorstellen, in den Rahmenbedingungen eines Königreiches alter Zeit zu leben. Angesichts der damaligen Privilegien des Adels bin ich viel zu bürgerlich. Auf der anderen Seite war das Königreich durch die Wittelsbacher sehr bürgernah geprägt, es gab keinen Pomp durch Krönung, die Wohnräume Ludwigs I. gingen im Königstrakt der Residenz hinaus auf die Straße, den Bürgern zugewandt, was in Europa unüblich war.

SZ: *Außer Sie wären selbst möglicherweise der König, dann ... (Gelächter)*

Faltlhauser: Verlocken Sie mich nicht zu solchen Bemerkungen, sonst zeichnet mich der Hanitzsch (ein Karikaturist der SZ) wieder im Hermelin.

SZ: *Obwohl ein Kabinettskollege über Sie mal gesagt hat, Kurt Faltlhauser hat seine bürgerliche Her-*

kunft immer für einen historischen Irrtum gehalten.

Faltlhauser: Nein, nein, ich habe eine ganz andere Grundauffassung und nehme aus meiner Distanz zur damaligen Dominanz des Adels nur die Wittelsbacher in besonderer Weise aus. Das hat mit meiner Erziehung zu tun: Ich bin ins Wittelsbacher Gymnasium gegangen und vertrage mich persönlich sehr gut mit Seiner Königlichen Hoheit Herzog Franz.

SZ: *Warum ist die Monarchie letztlich gescheitert?*

Faltlhauser: Ich glaube, dass die Monarchie 1918 nicht zwangsläufig gescheitert ist. Die revolutionären Gruppen in Bayern waren nicht so stark. Ich kann das aber nicht abschließend beurteilen. Aber es gibt in Bayern eine gute Kontinuität. Das königliche Haus mit Herzog Franz ist bei allen offiziellen Veranstaltungen in der ersten Reihe vertreten und wird entsprechend formell begrüßt. Die Wittelsbacher Regenten strahlen ab 1806 diese joviale Bürgerlichkeit aus. Max I. geht auf den Viktualienmarkt und diskutiert, das gab es früher nicht. Oder wenn man den „Millibauern" anschaut, und vor allem den Prinzregenten, die waren sehr bürgernah. Aber Ludwig I. hatte eine abgehobene Vorstellung vom Königtum. Dieses Bild von Stieler in der Residenz, wo er seine Hand mit dem

Das einzige Königsschloss,
das sich finanziell selber trägt,
ist Neuschwanstein bei Füssen.
1,2 Millionen Touristen besuchen
es jährlich. Das freut auch
den Finanzminister

Szepter auf die Verfassung legt, ist typisch: Er, der über der Verfassung Stehende, das kann man natürlich heute nicht akzeptieren, da ist er auch letztlich gescheitert. Meiner Ansicht nach ist er nicht gescheitert am Skandal der Lola Montez, sondern an seinem Herrschaftsverständnis.

SZ: *Welchen Teil des Erbes aus dieser Zeit schätzen Sie denn ganz besonders? Wir vermuten mal, es wird sehr stark mit Montgelas zusammenhängen, der ja hier als Büste in Ihrem Büro steht.*

Faltlhauser: Die habe ich mal als Leiter der Staatskanzlei rekrutiert und wollte Sie in den Arbeitsraum des Ministerpräsidenten stellen. Aber dann nahm ich ihn doch mit ins Finanzministerium. Montgelas war ja auch Finanzminister.

SZ: *Man erzählt sich, Sie würden die Büste nur mit Handschuhen anfassen.*

Faltlhauser: Die darf man nur mit Handschuhen anfassen (steht auf, geht hin, die Handschuhe liegen direkt dahinter), weil die Büste sonst schwarze Flecken kriegt. Natürlich muss ich manchmal mit meiner Frau und Freunden über das Denkmal am Promenadeplatz (Foto unten) streiten. Es sei zu groß und zu glänzend, aber das haben 14 Juroren einstimmig so beschlossen. Ich finde es sehr gut (Foto unten).

SZ: *Ist Montgelas aus Ihrer Sicht der eigentliche Schöpfer des modernen Bayern?*

Faltlhauser: Ja! In vielerlei Hinsicht. Wir machen ja auch heute Verwaltungsreformen. Die sind relativ schmächtig gegen Montgelas' Reformen. Wenn man sich vorstellt, was er durchgesetzt hat, gegen alle Mächtigen, Kirche, Klöster, Adel, das ist schon unglaublich. Dieses Land wäre ohne ihn nicht so, wie es ist. Dass er Fehler gemacht hat, ist klar, das betont auch Eberhard Weis in seiner Montgelas-Biografie.

SZ: *Jetzt war aber ausgerechnet Ludwig I. sein mächtiger Widerpart.*

Faltlhauser: Ja, da ist ein gewisser Widerspruch bei mir. Montgelas hinterlässt tatsächlich viele Fragen. Tirol war ein dramatischer Fehler. Wie kann man Tirol so behandeln? Dass er nicht selber zum Wiener Kongress fuhr, das verstehe ich nicht. Da hätte er sich mit Metter-

nich messen können. Oder der Fehler mit den Klöstern: Da hat er den Nachgeordneten keine Zügel angelegt. Es gibt schlimme Geschichten, die mir als öffentlich bekennendem Montgelas-Verehrer oft vorgehalten werden. Trotzdem: In der Gesamtwürdigung war er ein ganz ungewöhnlicher Mann, und zwar von seiner konzeptionellen Kraft, die im Ansbacher Memoire niedergelegt ist, bis zur konsequenten Umsetzung seiner Politik.

SZ: *Wenn man die Turbulenzen anschaut, die es gegenwärtig (2005) um unseren demokratischen Regenten gibt, bräuchte Bayern wieder einen König?*

Faltlhauser: Wir haben einen föderalen Staat mit einem Bundespräsidenten, der diesen Staat nach außen repräsentiert. Unser demokratisch gewählter Ministerpräsident hat als Kopf der Regierung die Politik im Griff. Welche Vorteile hätte heute eine Monarchie?

SZ: *Und dass die demokratisch gewählten Ministerpräsidenten kommen und gehen, ist eine schöne Normalität.*

Faltlhauser: Auch Könige sind gekommen und gegangen, und die Kontinuität der CSU-Ministerpräsidenten ist ja ein stabilisierendes Element gerade in und für Bayern. Im Übrigen haben wir immerhin schon über 40 Jahre lang CSU-Ministerpräsidenten.

SZ: *Was steckt eigentlich hinter dem großen Geheimnis Wittelsbacher Ausgleichsfonds?*

Faltlhauser: Er geht auf eine gesetzliche Regelung von 1924 zurück. Mit den Realitäten dieser Vereinbarung von damals müssen wir leben. Etwa im Zusammenhang mit den „Beutekunstwerken", die die Franken zurück haben wollen. Bei der Sichtung der Listen der Kunstwerke stellten Hans Zehetmair und ich fest, dass jene Kunstwerke, die relevant sind, alle dem Wittelsbacher Ausgleichsfonds gehören oder der Wittelsbacher Stiftung. Das ist auch ein Stück Brücke zwischen Königreich und Republik Bayern. Auch Herzog Franz hat eine eindeutige Auffassung. Seine Vorgänger haben diese Kunstwerke gesammelt und sie bewusst konzentriert in der Landeshauptstadt. Und das muss auch so bleiben.

Das Interview führten
Peter Fahrenholz und Hans Kratzer

Zeittafel

1825 – 1848 König Ludwig I.

1825 König Ludwig I. macht von der verfassungsmäßigen Vorzensur keinen Gebrauch; Peter Cornelius übernimmt die Leitung der Akademie der bildenden Künste

1826 Der Maler Wilhelm von Kaulbach kommt nach München; der König saniert den Staatshaushalt; Verlegung der Universität von Landshut nach München, wo bald Görres, Schelling, Franz von Baader und Döllinger wirken; Beginn des Baues der Pinakothek für die Wittelsbacher Bildersammlungen, die Ludwig I. selbst wesentlich bereichert

1827 Kgl. Entschließung über polytechnische Zentralschule

1828 Bayerisch-württembergischer Zollverein; Landratsgesetz; Konzertsaal Odeon in München vollendet

Seit **1829** wirkt der Architekt Friedrich Gärtner in München

1828/1829 Der bayerisch-württembergische Zollverein schließt sich gleichberechtigt mit dem preußisch-hessischen zusammen; Beginn des wirtschaftlichen Kleindeutschland

1829/1830 Ordnung für Lateinschulen und Gymnasien, Gründung zahlreicher höherer Schulen

1830 Eröffnung der Glyptothek in München, erbaut durch Klenze (seit 1816 in München)

1831 Ludwig I. beginnt einen liberalen Kurs und korrigiert Reformen Montgelas; zahlreiche Klostergründungen aus Privatmitteln des Königs (Benediktiner, Franziskaner, Kapuziner, Englische Fräulein)

1832 König Ludwig nimmt für seinen zweiten Sohn Otto (Bild) die ihm angebotene Krone Griechenlands an (Otto 1832-1862 König von Griechenland, gest. 1867 in Bamberg); Festsaalbau der Residenz in München, mit

Thronsaal begonnen; bei den Verfassungsfeiern kommt es in Hambach in der Pfalz und in Gaibach in Unterfranken zu Ausschreitungen

1833 Neugestaltung des Volksschulwesens; Kgl. Lyzeen in den Bistümern als theologische Hochschulen; anstatt der Bürgerschulen Landwirtschafts- und Gewerbeschulen

1834 Gründung des Deutschen Zollvereins; Landtag verabschiedet zahlreiche Regierungsvorlagen als Gesetze

1835 Bayerische Hypotheken- und Wechselbank gegründet; erste deutsche Eisenbahn zwischen Fürth und Nürnberg

1836 Baubeginn Ludwig-Donau-Main-Kanal; Alte Pinakothek fertiggestellt

1837 Der von Kronprinz Max begonnene Wiederaufbau von Hohenschwangau wird abgeschlossen; König Ludwig beginnt die Dome in Würzburg, Speyer und Bamberg zu restaurieren

1838 Kniebeugeerlass: Kniebeuge vor dem Allerheiligsten auch für nichtkatholische Soldaten in Formation befohlen, 1844 zurückgenommen

1840 Gründung der späteren MAN in Augsburg

1841–1844 Feldherrnhalle in München durch Gärtner erbaut

1842 Vollendung der Walhalla bei Regensburg durch Klenze; König Ludwig gründet Ludwigshafen am Rhein

1843 Erste Industrie- und Handelskammern

1844 Ferdinand Miller wird Nachfolger des Erzgießers Johann Baptist Stiglmayer

1846 Ludwig-Donau-Main-Kanal vollendet; Kgl. Musikschule gegründet; Lola Montez tritt als Tänzerin in München auf

1847 Maschinenfabrik Maffei in München gegründet

1848 Ludwig I. dankt am 20. März zugunsten seines Sohnes ab

Der König, der die „Nordlichter" holte

Bildung und Forschung waren dem Herrscher ebenso wichtig wie ein besseres Staatsbewusstsein. Er selbst entsagte jeglicher Pracht

Ein Unfall des königlichen Sonderzuges zwischen Lochhausen und Olching am 13. April 1859 – wohl bedingt durch den Einsatz zweier Lokomotiven und die damit überhöhte Geschwindigkeit – führte zu einer strikten Regelung künftiger Reisen des bayerischen Monarchen auf dem Schienenweg. „Mäßige Fahrgeschwindigkeit" war nun stets einzuhalten, und das Bild des sein Land bereisenden Königs hinter den Fenstern des mäßig Fahrt haltenden Eisenbahnwagons ist eine geradezu einprägsame Chiffre für Leben und Leistung, Politik und Monarchieverständnis des dritten bayerischen Königs Maximilian II.

Arbeitsam und schwer um seine Entschlüsse ringend: Max II., der dritte bayerische König, fotografiert von Franz Hanfstaengl

„Mäßige Fahrgeschwindigkeit", dies galt auch für die konstitutionelle Macht des Königs, der in den Wirren des Revolutionsjahres 1848 seine Herrschaft hatte antreten, sein Amt aus den Händen eines schmählich zur Abdankung gezwungenen Vaters hatte annehmen müssen. Mäßigend waren Reformen im Dienst an Staat und Volk einzubringen, um revolutionäre Unruhe zu befrieden und das parlamentarische System – sei es im Münchner Landtag oder in der Frankfurter Bundesversammlung – zu stärken. Dass sich Bayern unter Maximilian II. zur Fortschrittlichkeit eines Verfassungsstaates zwar stetig weiterentwickelte, dies aber gegen innere Überzeugungen des Monarchen abzuringen war, gehört zum Eindruck gebremster Kraft seiner Regierungstätigkeit.

Gemessen, ernst, ja geradezu verschlossen und scheu, zugleich arbeitsam, nüchtern und gewissenhaft war die Persönlichkeit des Königs. Anders als sein Vater Ludwig I., der sich machtbewusst und mit Leidenschaft ideale Ziele setzte, verfügte Max II. nicht über autoritäre Selbstsicherheit. Er rang schwer um seine Entschlüsse, ließ sich beraten, forderte Gutachten an, erforschte täglich sein Gewissen. Es waren bürgerliche Tugenden, denen er sich verpflichtet fühlte, und dies prägte auch sein öffentliches Auftreten, das jeglicher Pracht entsagte. Anders als sein Sohn Ludwig II., der sich in die Einsamkeit einer monarchischen Märchenwelt zurückzog, verstand sich Max II. als ein bayerischer Bürgerkönig, und als dieser wurde er von seiner Umwelt gesehen.

Dieser bürgerliche Habitus trat erstmals während der Studien des Kronprinzen in Göttingen und Berlin hervor, die er nicht mit der Nonchalance einer Kavalierstour, sondern mit Erkenntnisdrang, ja Wissenshunger betrieb und die ihn in ein enges Vertrauensverhältnis mit bedeutenden Wissenschaftlern, darunter

Die königliche Familie auf Schloss Hohenschwangau 1849: Max II. legt seine Hand auf den Kopf des Kronprinzen Ludwig, Königin Marie hält Söhnchen Otto im Arm. Ein Gemälde von Erich Correns (1821-1877)

Von seinem imposanten Denkmal aus schaut Maximilian II. auf die Münchner Prachtstraße, die er in Auftrag gegeben hat und die seither seinen Namen trägt der große Berliner Historiker Leopold von Ranke, brachten. Wäre er nicht zum König bestimmt, hätte er Professor werden wollen, so urteilte der spätere Monarch, doch auch als König schuf er sich und seinem Land eine herausgehobene Position in Bildung, Forschung und Lehre.

Sein Verständnis der Einbindung Bayerns in eine Triaspolitik zwischen den Staatsblöcken Österreich und Preußen gründete auf der Einsicht, dass die Ausbildung des Geistes, die Hebung von Wissenschaft und Künsten seinem Territorium ermöglichen würde, die deutschen Mittelmächte anzuführen, um Bayern so zwischen den beiden großen Staaten zu verankern. Eine Vormachtstellung des Intellekts und des Wissens – nach preußischem Vorbild – galt es einzurichten.

Hierfür wurden namhafte Gelehrte nach München verpflichtet, die Universitäten Bayerns mit hochrangigen Wissenschaftlern ausgestattet. Die meisten von ihnen kamen aus dem protestantischen Norden und riefen als „Nordlichter" allerdings Unmut, ja Ressentiment und Widerstand bei der bayerischen Bevölkerung hervor. Doch die Wissenschaftspolitik des Königs trug reife Früchte, auch für ihn selbst. In „Symposien" führte er abendliche Runden von Gelehrten in der Münchner Residenz zusammen, die vor ihm und mit dem König debattierten. In Berchtesgaden hielt Ranke für Max II. private Vorlesungen. Zentrum der Interessen des Monarchen war dabei das Studium der Geschichte. Das Wissen um die geschichtliche Größe Bayerns sollte das Staats-, ja das Nationalbewusstsein stärken, den Zusammenhalt der einzelnen Stämme seines Landes garantieren. So wurde dem Geschichtsunterricht an den Schulen, dem Geschichtsstudium an den Universitäten hohe Priorität eingeräumt.

Bemerkenswerte Frucht dieser Faszination des Königs gegenüber der Geschichte, seines Vertrauens auf die staatsbildende Kraft des Wissens um Tradition und

Herkunft ist die Gründung einer Institution, in der die Zeugnisse der Historie bewahrt, die vaterländischen Denkmäler der Vergessenheit entrissen werden sollten: Seit 1853 – und damit fünf Jahre nach Regierungsantritt und Märzrevolution – ließ Max II. ein Museum konzipieren, das 1855 als Bayerisches Nationalmuseum gegründet und später an der Prachtstraße realisiert wurde, die den Namen des Königs trug. National verstand sich diese Institution vor allem deswegen, weil das Staatsgebilde Bayerns, erst jüngst aus verschiedenen Stämmen zusammengefügt, angesichts der Erschütterungen der Revolution eines einigenden Bandes bedurfte.

Bayern und Schwaben, Franken und Pfalz durften sich in der Geschichtsschau des Museums gleichberechtigt verwurzelt fühlen, fanden sich unter dem gemeinsamen Dach eines bayerischen Nationalgefühls zusammen. Dem einstigen Besucher dieses Museums – vor dessen Verlegung an die Prinzregentenstraße im Jahre 1900 – wurde dieser Anspruch unübersehbar vor Augen geführt. Denn nach der Besichtigung der Relikte der Vergangenheit im Erdgeschoss stieg er in das Hauptgeschoss auf, wo ihn 29 Prunksäle erwarteten, sämtlich ohne jegliches Exponat, leer und kaum möbliert, dafür mit einer Folge von 145 Freskobildern ausgestattet, die an den Wänden der Räume die Geschichte Bayerns als Historien großer Momente und Taten erzählten. Dass mit dem Wissen um Geschichte Identität gestiftet, dass damit die Grundlage nationalen Zusammenhalts gelegt werden kann, dass Eigenständigkeit, „vaterländischer Sinn" und Nationalgefühl gefestigt werden können, darin liegt die eigentliche Bestimmung dieser königlichen Gründung. Dieses Ziel vor allem vermittels des Mediums des Bildes erreichen zu wollen, mutet dabei geradezu modern an.

Das Bayerische Nationalmuseum markierte zusammen mit dem Gebäude der Regie-

Zu den Kroninsignien gehört neben der Königskrone, dem Szepter, dem Reichsschwert und dem Reichsapfel auch dieser Siegelkasten, den Martin-Guillaume Biennais 1806 in Paris entwarf

Bauten aus der Zeit Max II.: Die Eisenbahnbrücke über die Isar in Großhesselohe, die Schrannenhalle in München (unten, l.), 2005 wieder errichtet, und der Glaspalast, der 1854 für eine Industrie-Ausstellung eröffnet wurde und später abbrannte

rung von Oberbayern das sich ausweitende Forum der Prachtstraße, mit der Max II. den städtebaulichen Leistungen seines Vaters für die Residenzstadt München ein eigenes Werk anfügte. Seit seiner Kronprinzenzeit hatte er das Projekt einer Stadterweiterung nach Osten verfolgt, es sollte zur wichtigsten Baumaßnahme seiner 16-jährigen Regierungszeit werden. Vor allem die Frage, in welchem Stil zu bauen, noch wichtiger, ob eine eigene, allein dem König verfügbare architektonische Diktion zu kreieren sei, hat Max II. lange beschäftigt.

In dem Architekten Friedrich Bürklein fand er den Partner für die Entwicklung eines „Maximilianstils", der historistischen Elementen und damit erneut dem Beispiel der Geschichte verpflichtet ist. Die vom Max-Joseph-Platz zur Isar und darüber hinaus führende Straßenachse sollte – dies war der Wunsch des Königs – ihr Ziel hoch über dem Flussufer in einer Akropole finden. Das Stadtbild Münchens sollte in diesem Bauwerk aufgipfeln, und es ist für den Bürgerkönig bezeichnend, dass ein Erziehungsinstitut, das Maximilianeum als Studieneinrichtung für hoch-

begabte Jugendliche, die dort für den späteren Staatsdienst ausgebildet werden konnten, diese signifikante Position einnahm. Der Historismus der Maximilianstraße, die Geschichtsgläubigkeit des Nationalmuseums dürfen allerdings nicht den Blick dafür verstellen, dass mit diesem Monarchen zugleich die Grundlagen für das moderne Bayern gelegt wurden. Kühne Bauten entstanden aus Stahl und Glas, die Schrannenhalle, die Großhesseloher Brücke, der Glaspalast, der Palmengarten der Residenz; daneben wurden Bahnhöfe, Fabriken und Einrichtungen des sozialen Bereichs errichtet. Unter Max II. greifen Wachstum und Aufschwung einer neuen Zeit immer mehr in den Lebensbereich der Bürger ein. In das Fundament des Maximilianeums hatte der König zusammen mit dem Grundstein eine Urkunde und Münzen seiner Regierung sowie das Modell einer Eisenbahn einmauern lassen. „Mäßige Fahrgeschwindigkeit" galt zwar für seine Reisen durch das von ihm geliebte Bayern, nicht aber für den Weg des Fortschritts, der unter diesem König angelegt worden war. *Reinhold Baumstark*

Dirndl, Janker und Lederhose

*Wiederbelebung der Tracht, Förderung des Brauchtums –
das wohl schönste Vermächtnis des dritten Königs*

Anlässlich der Hochzeit des Kronprinzen Maximilian mit der preußischen Prinzessin Marie 1842 in München schlossen 35 Paare niederen Standes aus ganz Bayern auf dem Oktoberfest zusammen mit ihren künftigen Herrschern den Bund für das Leben. Sie alle waren in bayerische Tracht gekleidet; ihr Einzug auf der Wiesn bildete ein farbenprächtiges Schauspiel. Tracht war zur Mitte des 19. Jahrhunderts auch auf dem Land alles andere als selbstverständlich, und so bildet die Stärkung, teilweise auch Wiederbelebung dieser Tradition eines der wichtigen Ziele, mit denen Max II. das bayerische Nationalgefühl zu entwickeln suchte. In einer Verordnung des Jahres 1853 wurden Behörden und Amtsträger verpflichtet, die Bevölkerung zum Tragen traditioneller Kleidung anzuhalten. Jugendliche hatten zu Kommunion oder Schulprüfung, Hochzeitspaare am Altar, Gläubige auf der Wallfahrt in Dirndl, Janker und Lederhose zu erscheinen.

Prämien wurden ausgesetzt, Arme mit Trachten beschenkt, Abbildungen regionaler Volkstrachten in den Rathäusern angeschlagen, die Verpflichtung des Staates auch von der Kanzel gepredigt. Es war dies die größte Aktion zur Erhaltung und Belebung der Tracht in Bayern, mit Auswirkungen bis auf den heutigen Tag. Auch der König erschien zuweilen öffentlich im traditionellen Gewand, als erster wittelsbachischer Regent überhaupt. Mit Max II. wurde die Tracht hoffähig, ja formelle „Hofjagduniform", und die Selbstverständlichkeit, mit der sie heute auf offiziellen Anlässen des Freistaats

Bayern getragen werden kann, geht auf ihn zurück.

Die Propagierung der Tracht war nur eine – wohl die augenfälligste – der Maßnahmen des Königs zur Festigung des Brauchtums. Mundartdichtung, Volksmusik, landsmannschaftliche Dialekte wurden auf Anweisung des Monarchen gepflegt und erforscht, vor allem der Bevölkerung nahe gebracht. So war die Sammlung von Volksliedern des Franz von Kobell, das „Königsbüchl", als Geschenk Max' II. in den Händen vieler seiner Untertanen. Verständnis und Liebe zu seiner bayerischen Heimat, Kenntnis des Brauchtums und Verbundenheit zur Natur waren für den König auf ausgedehnten Fußreisen durch das Land gewachsen, und noch als Kronprinz hatte er auf einer seiner Gebirgswanderungen das verfallene Schloss Hohenschwangau entdeckt, das er erwarb und im „vaterländischen" Stil ausbaute.

Mit Max II. begann die staatliche Förderung des Brauchtums, die Hervorhebung bayerischer Eigenart und Eigenständigkeit. Dass die Ausprägung einer bayerischen Identität die Zeiten der Monarchie überdauern konnte und bis in die Gegenwart als derart wesenseigen erfahren wird, ist das wohl schönste Vermächtnis Max II.

Reinhold Baumstark

Eine Münchner Bürgersfrau in kostbarer Tracht auf dem Weg zur Kirche (Mitte des 19. Jahrhunderts). Entworfen von Eugen Napoleon Neureuther für die Königliche Porzellan-Manufaktur Nymphenburg

Die Wittelsbacher waren große Förderer der
Trachtenmode. Sehr beliebt waren im 19. Jahrhundert
auch Lithografien mit Trachten (hier: Jachenau, 1860).
Allerdings waren diese Bilder sehr romantisierend
und entsprachen oft nicht mehr der typischen Kleidung,
die um diese Zeit getragen wurde

Nach P.P. Kirchebner.

Die Schliersee-Mode begeisterte nach dem
Aufkommen des Tourismus (um 1850) auch die Gäste.
Nachdem das Kaufhaus Wertheim in Berlin eine
eigene Trachtenabteilung eingerichtet hatte,
statteten sich viele Sommerfrischler bereits dort
aus und fuhren dann mit der Bahn gen Süden

Talentvolle
Jünglinge Bayerns

Die Stiftung Maximilianeum

Wer den Sprung ins Maximilianeum schaffen will, muss entweder Abgeordneter des Bayerischen Landtags werden – oder als Schüler lauter Einser schreiben. Nur die Elite unter den bayerischen Schülern kann Maximilianeer werden. Franz Josef Strauß war einer, aber auch der Physik-Nobelpreisträger Werner Heisenberg, der Schriftsteller Carl Amery und der Liedermacher Michael Kunze gehörten zu jenem Kreis handverlesener Abiturienten, die jährlich in den Genuss eines Stipendiums der Stiftung Maximilianeum kommen. Strauß war somit schon vor seiner Zeit als Regierungschef im Maximilianeum zu Gange – dem Münchner Prachtbau, in dem seit 1949 neben der Stiftung auch der Landtag beheimatet ist.

Die Stiftung verdankt ihren Namen dem Bayernkönig Maximilian II., der sie 1852 ins Leben rief, um „talentvolle bayerische Jünglinge" für den Staatsdienst zu ziehen, wie es in der Stiftungsurkunde heißt. Damals rekrutierte die Beamtenschaft ihren Nachwuchs noch überwiegend aus adeligen Anwärtern. Das Ansinnen Maximilians II. lautete deshalb, die besten Abiturienten Bayerns und der Pfalz ohne Ansehen ihres Standes und des Einkommens der Eltern für den höheren Staatsdienst zu gewinnen. Die Stipendiaten erhalten seither freie Kost und Logis im Gebäude des Maximilianeums. Es sind maximal 50 Plätze vorhanden. Die Anforderungen sind jedoch so hoch, dass nicht immer alle Plätze vergeben werden. Voraussetzung für die Aufnahme sind eine Empfehlung der Schulleitung und ein Einser-Abitur. Darüber hinaus müssen die Kandidaten in die bayerische Elite-Förderung aufgenommen werden. Als Letztes folgt die so genannte Maximsprüfung im Kultusministerium, bei der die Kandidaten sich Fragen stellen lassen müssen, die über den Schulstoff weit hinausgehen.

Hans Kratzer

Das von Friedrich Bürklein geplante und 1874 fertig gestellte Maximilianeum beherbergt heute sowohl das bayerische Parlament als auch die Studienstiftung, die Max II. gegründet hat

1848 König Maximilian II.

1848 Örtliche Unruhen in Franken; Reformgesetzgebung begonnen: Wahlrecht, Pressefreiheit, Neugestaltung der Rechtspflege, Grundentlastung, Ministerverantwortlichkeit

1849 Die vom Frankfurter Parlament verabschiedete Reichsverfassung, die auf ein kleindeutsches Kaiserreich zielt, lehnte der Monarch ab. Aus Sorge um die Souveränität Bayerns entwickelt Max II. mit seinem Minister von der Pfordten das Konzept der so genannten Triaspolitik: Die deutschen Mittelstaaten sollten sich zusammenschließen, um ein Gegengewicht gegen Österreich und Preußen zu bilden. Das Konzept scheitert, u.a. am Misstrauen der anderen Mittelstaaten angesichts des erkennbaren bayerischen Führungsanspruchs

Pfälzer Aufständische mit eigener provisorischer Regierung in Kaiserslautern erkennen Frankfurt an und verweigern München den Gehorsam, Aufstand niedergeworfen; Arbeiterkongresse in Nürnberg (April) und Augsburg (November)

Der „Schwarze Einser", die erste bayerische (und deutsche) Briefmarke (Wert 1 Kr.)

1850 Versammlungs- und Vereinsgesetz; Bayerische Bischofskonferenz in Freising

1852 Der Chemiker Justus von Liebig nach München berufen; der Dichter Geibel kommt nach München; Vollendung des Schlosses Ludwigshöhe in der Pfalz; Germanisches Museum in Nürnberg auf Anregung des Freiherrn von Aufsess gegründet

1853 Maximiliansorden für Wissenschaft und Kunst; Wilhelm Heinrich Riehl, Volkskundler und Gesellschaftswissenschaftler, nach München berufen

1854 Eröffnung des Glaspalastes zu einer Ausstellung von Kunst und Industrie; der Historiker

Ranke hält dem König in Berchtesgaden Vorträge; Max II. unterbindet die Kinderarbeit; Stenografie Gabelsbergers (Bild) Pflichtfach an Gymnasien

1855 Gründung des Bayerischen Nationalmuseums

1856 Heinrich von Sybel Geschichtsprofessor in München; Widerstand einheimischer Kreise gegen die „Nordlichter"; die Abgeordnetenkammer bewilligt von 15 Millionen Gulden Militärkrediten nur sechs Millionen; Kriegsminister von Lüder tritt zurück; Eisenbahnbrücke bei Großhesselohe

1857 Hans von Marées malt in München; Verordnung über die Verbesserung der Viehzucht; Verordnung über die Ausbildung der Volksschullehrer auf kirchlicher Grundlage

Bayer. Aktiengesellschaft für chemische Produkte mit Werk in Bad Aibling, später Südchemie

1859 König Max II. befiehlt Mobilmachung zu Gunsten des in Italien angegriffenen und von Frankreich bedrohten Österreich

1860 Lenbach malt den „Hirtenknaben"; Gründung des Turn- und Sportvereins München

1861 Bayerisches Strafgesetzbuch; Gründung der Nähmaschinenfabrik Pfaff in Kaiserslautern; Gründung des bayerischen Volksschullehrervereins

1863 Max II. fordert auf dem deutschen Fürstentag in Frankfurt gegenseitige Achtung der deutschen Staaten; Thronrede bringt Programm der sozialen Gesetzgebung; Gründung der bayerischen Fortschrittspartei

1864 Tod des Königs

Nach dem frühen Tod seines
Vaters kam Ludwig II. sehr
jung und ungenügend vorbereitet
auf den bayerischen Thron.
Ferdinand Piloty malte ihn 1865
als 20-Jährigen in Generals-
uniform mit Krönungsmantel
(Ausschnitt)

Flucht in die Traumwelt

Der junge König scheiterte an den zentralen Herausforderungen seiner Regierungszeit und zog sich resigniert zurück

Zwei Sehweisen konkurrieren miteinander, wenn es um König Ludwig II. geht: die enge Fixierung auf sein individuelles Schicksal, einschließlich der Frage nach Krankheit und Tod einerseits, der Versuch andererseits, das Phänomen Ludwig II. in den politischen Zusammenhang seiner Zeit zu stellen. Weder die Krankheit des Königs, von der, nach allem, was wir wissen, wohl auszugehen ist, noch die Bauleidenschaft, die so absurd nicht erscheint, wenn man die Architekturgeschichte der zweiten Hälfte des 19. Jahrhunderts in Rechnung stellt, sind geeignet, brauchbare Kategorien für die Beurteilung des Schicksals dieses Königs aufzustellen. Solche Kategorien sind im politischen Bereich zu suchen, konkret in der Frage, wie Ludwig II. mit den beiden zentralen Herausforderungen seiner Regierungszeit – der Reichsgründung und seinem Verhältnis zu Ministerium und Landtag – fertig wird.

Man braucht kein Psychologe zu sein, um ermessen zu können, wie der Vorgang und das Resultat der Reichsgründung auf Ludwig II. wirken mussten. Der König befand sich in Übereinstimmung mit einer breiten Bevölkerungsmehrheit zumindest in Altbayern, wenn er in der Reichsgründung eine Unterwerfung Bayerns zugunsten des preußischen Anspruchs auf Vorherrschaft sah. Der Verlust der bayerischen Souveränität wurde zum Trauma in der politischen Vorstellungswelt Ludwigs.

Das subjektive Gefühl, in einer Schicksalsfrage der bayerischen Geschichte gescheitert zu sein und die Unfähigkeit, mit einer Situation fertig zu werden, die im dramatischen Kontrast zur eigenen Selbsteinschätzung und zum historischen Selbstverständnis der wittelsbachischen Dynastie stand, haben viel dazu beigetragen, die Flucht des Königs aus der Realität zu befördern, haben ihm Motiv und subjektiv tragfähige Begründung für diese Flucht geliefert.

Es ist sicherlich richtig, wenn angesichts der Reichsgründung und der damit verbundenen Entscheidungen formuliert wurde, der bayerische König habe versagt und sei in entscheidenden Augenblicken handlungsunfähig gewesen. Aber die Frage muss erlaubt sein, wie das persönliche und politische Profil eines bayerischen Königs hätte beschaffen sein müssen, der in dieser Situation eine andere, eine erfolgreichere Richtung hätte einschlagen können. Es wird viel zu wenig beachtet, wie sich das Verhältnis zwischen dem König und seinem Ministerium in den ersten Monaten nach dem Regierungsantritt des 19-jährigen Monarchen gestaltet. Ganz im Stile seines Großvaters, König Ludwigs I., und zum entsetzten Erstaunen seines Ministeriums, versucht Ludwig II. gegen dessen Entscheidungen monarchische Unabhängigkeit zu demonstrieren. Es ist beklemmend, wenn man verfolgt, wie eindeutige politische Willensbekundungen des jungen Monarchen von eben diesem Ministerium abgeblockt werden. In einer raffinierten Mischung aus psychologischem Kalkül, Zurückweisung des monarchischen Anspruchs, Betonung der ministeriellen Verantwor-

König Ludwig II. auf einer nächtlichen Schlittenfahrt, erstaunlicherweise bereits mit elektrischer Beleuchtung. Das Gemälde entstand vermutlich 1880

tung und souveräner Beherrschung des bürokratischen Geschäftsgangs werden die Initiativen Ludwigs desavouiert, als lächerliche Versuche eines politisch dilettierenden Jünglings konterkariert.

Auch hier muss man kein Psychologe sein, um die Wirkungen solcher Behandlung abschätzen zu können. Es ist immer wieder darauf hingewiesen worden, dass es dem König an solidem Sachverstand gefehlt habe. Das mag richtig sein, doch erklärt es nicht sein vielfältiges Scheitern, die Kette der politischen Niederlagen gegenüber dem Ministerium auch in späteren Jahren. Diese Niederlagen gegenüber dem eigenen Ministerium sind kein ausschließliches Phänomen Ludwigs II.; seinem Vater, König Maximilian II., ist über weite Strecken dasselbe politische Schicksal zuteil geworden. Der Unterschied liegt in der Reaktion: Ludwig II. weist nicht dessen Fähigkeit auf, über das eigene Scheitern hinwegzusehen; er zieht daraus vielmehr – vielleicht zu früh, sicherlich zu radikal – die Konsequenz, den Kampf aufzugeben, zu resignieren, in seine Traumwelt zu flüchten.

Das politische Programm Ludwigs II. war – innenpolitisch und außen- beziehungsweise reichspolitisch – durchaus konservativ; er befand sich damit in Übereinstimmung mit der patriotischen Landtagsmehrheit. Die nahe liegende Konsequenz, ein Ministerium zu berufen, das dieser Mehrheitsmeinung entsprochen hätte, wird von Ludwig einige Male erwogen, bleibt jedoch unverwirklicht.

Eine solche Konsequenz hätte 1870 und 1880 zu massiven Konflikten mit Berlin führen müssen; sie hätte aber auch – und das war aus der Sicht Ludwigs wohl das Entscheidende – die Tendenz zur Parlamentarisierung impliziert. Und diesen letzten Rest monarchischer Prärogative wollte Ludwig II. nicht aufgeben. Wenn man, bei aller Skepsis gegenüber pauschalierenden Vereinfachungen, die politische Dimension des Ludwig-II.-Phänomens in einem Satz haben will: Ludwig II. war zu schwach, um sich in der nationalen und in der konstitutionellen Frage durchsetzen zu können, vielleicht jedoch waren auch die Umstände zu erdrückend, als dass sie sich nicht auch jedem anderen monarchischen Zugriff entzogen hätten.

Das Ende Ludwigs II. ist auf solchem Hintergrund schnell erzählt: In dem Augenblick, als das Ministerium ernsthaft fürchten musste, die finanziellen Probleme des Schlösserbaus könnten zur Gefahr für die eigene Machtbasis werden, als der Appell des Königs an die konservative Landtagsmehrheit drohte, da, und

Was geschah am 13. Juni 1886 am Ufer des Starnberger Sees? Ludwig und der Irrenarzt Dr. Gudden kehrten von einem Spaziergang nicht mehr zurück (o.l.). Der tote König wurde in der Tracht eines Hubertusritters aufgebahrt. In der rechten Hand steckt ein Blumensträußchen der österreichischen Kaiserin Elisabeth, die damals gerade in Possenhofen weilte. Der Hofmaler Joszi Koppay fertigte die Zeichnung in der Nacht von 16. auf 17. Juni an

erst da, handelte es. Es handelte 1886 nicht deshalb, weil die Krankheit Ludwigs II. zum Problem geworden war, sondern weil die eigene, die ministerielle Existenz in Gefahr war; und es handelte mit dem Instrumentarium der Entmündigung des Monarchen.

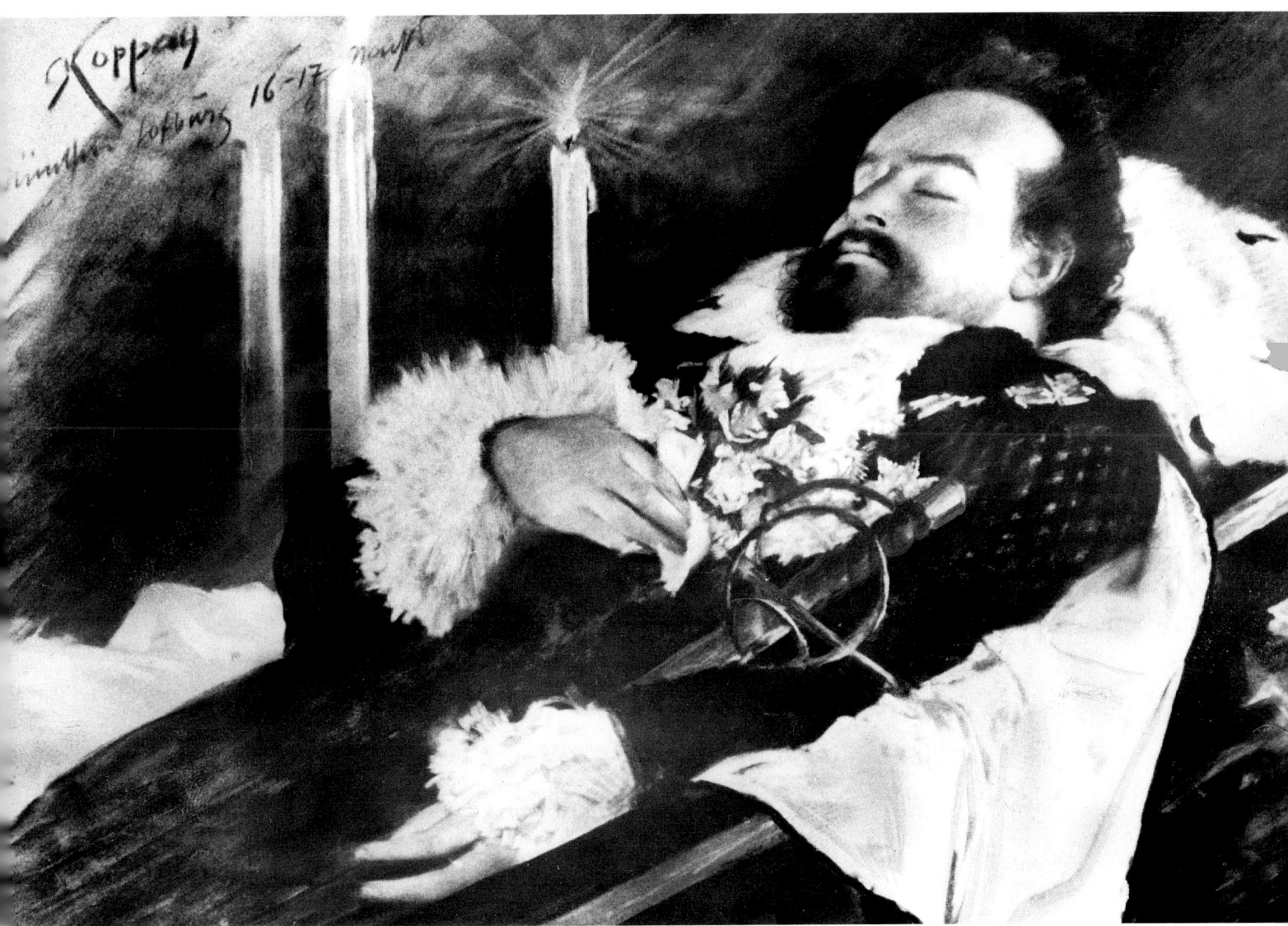

Wäre die Krankheit des Königs wirklich das zentrale Motiv für die Verhaltensweise des Ministeriums gewesen, so hätte dieses schon 1880 oder 1883 oder zumindest 1885 handeln können, handeln müssen. Schärfer formuliert: Was 20 Jahre lang die Basis der ministeriellen Machtstellung gewesen war, nämlich die weitgehende politische Abstinenz des Monarchen, das galt dem Ministerium nun, da es selbst gefährdet war, als Argument für die Geisteskrankheit des Königs, für die Legitimation der Entmündigung, für die Einsetzung der Regentschaft. Niemand hat das schärfer erkannt als Bismarck, der gegenüber dem bayerischen Gesandten in Berlin, dem Grafen Lerchenfeld, davon sprach, dass er den Eindruck habe, „dass unsere bayerischen Minister, weil sie sich nicht mehr halten könnten, den König schlachten wollten."

Um keine Missverständnisse aufkommen zu lassen: Diese politische Interpretation der Vorgänge des Jahres 1886 beinhaltet keine Aussage zum Tod Ludwigs II. am 13. Juni 1886. Die Geschichte, die es hier zu erzählen galt, endet am 10. Juni, dem Tag der Entmündigung. Was sich zwischen dem 10. und dem 13. Juni in Neuschwanstein zuerst, in Schloss Berg danach vollzieht, das ist das Ende einer individuellen Tragödie, aber kein politisches Problem mehr.

Hans-Michael Körner

Schwärmerische Zuneigung

Mythos und Kult um den toten König

Der Ludwig-Kult hat viele Erscheinungsformen. Dazu gehören die früh einsetzende schwärmerische Verehrung – etwa auch in Frankreich und England; der Reliquienkult um die Holzstücke vom Kahn, mit dem er aus dem Starnberger See geborgen wurde; der Gottesdienst mit tausenden Teilnehmern an der Votivkapelle in Berg am Todestag im Juni; die Besucherzahlen in Neuschwanstein, Herrenchiemsee und Linderhof; die Wallfahrten zum Sarkophag in der Münchner Michaelskirche und die Aktivitäten der König-Ludwig-Vereine; für ihren Kini, die Denkmalsinitiativen und der Glaubenskrieg um die Todesursache; und noch die Präsenz des Königs in der bayerischen Fremdenverkehrswerbung. Und natürlich haben die Verfilmungen seines Lebens von Käutner bis Visconti das Ihrige dazu beigetragen, heute tun dies die Musicals.

Aber schon vor seiner touristischen und kommerziellen Vermarktung war Ludwig II. zur Symbolfigur für eine bayerische Eigenstaatlichkeits-Ideologie geworden. Das gilt für die Jahre der Weimarer Republik wie für die Gründungsphase der Bundesrepublik. In Tuntenhausen und in Gammelsdorf, in den Debattenbeiträgen der Bayernpartei-Abgeordneten und bei patriotischen Freiluftveranstaltungen fand dabei eine Stilisierung Ludwigs II. statt, bei der sich verschiedene Stränge der Verehrung miteinander verbanden. Galt er den einen als der Märtyrer und als das Opfer preußischer Vereinnahmung nach dem Motto „1871 – finis Bavariae", so war er den anderen Symbolfigur einer nationalpolitischen Konstruktion, in der Bayern nach 1871 noch mit einer ganzen Reihe von Sonder- und Reservatrechten ausgestattet war, in der die Staatlichkeit Bayerns noch existierte.

Auf diesem Hintergrund wurde Ludwig II., besonders in Verbindung mit einem nostalgischen und in Teilen auch politisch virulenten Monarchismus nach der Revolution von 1918, zur Symbolfigur entschwundener Eigenstaatlichkeit, Objekt schwärmerischer Zuneigung, geboren aus einem Gefühl des Leidens an der Gegenwart. Nun begann allerdings die Ludwig-Verehrung nicht erst nach dem Jahr 1918. Die Faszination des Geheimnisvollen, des Rätselhaften wuchs ihm schon im letzten Jahrzehnt vor der Revolution zu. Gerade die Bürgerlichkeit seiner Nachfolger entzündete die emotionale Vereinnahmung des vermeintlichen Märchenkönigs. Dass es dazu überhaupt kommen konnte, verweist auf noch frühere Schichten der Ludwig-II.-Verehrung, in erster Linie auf die geheimnisumwitterten Umstände seines Todes im Starnberger See. Tatsächlich ließen das Verhalten des Ministeriums, die mysteriösen Begleitumstände, eine defizitäre Öffentlichkeitsarbeit der Regierung, ja eine Informationsblockade spontan und ungesteuert den Verdacht aufkommen, dass es beim Tod von Ludwig II. und seinem Arzt Dr. Gudden nicht mit rechten Dingen zugegangen, dass König Ludwig II. in Wahrheit das Opfer eines Mordanschlags geworden sei.

Die Stilisierung als Märtyrer schuf eine geradezu ideale Voraussetzung für die Ausbildung eines Mythos. Der Rückzug Ludwigs aus der Öffentlichkeit, der seinerseits Gegenstand eines geheimnisvollen Schauers wurde, ist gerade in Teilen der altbayerischen Bevölkerung als das verstanden worden, was er tatsächlich war: nicht die Reaktion eines Geisteskranken, sondern die Resignation eines machtlos gewordenen, eines entmachteten Königs.

Die Wehrlosigkeit des Monarchen verband diesen mit der Hilflosigkeit der katholisch-konservativen Bevölkerungsmehrheit angesichts der dominierenden Stellung des liberalen Ministeriums. Deshalb flogen ihm, dem toten Ludwig, die Sympathien der Bevölkerung zu, deshalb konnte sich um ihn ein Mythos ausbilden, konnte er zum Objekt des Kults werden.   *Hans-Michael Körner*

Die Stilisierung Ludwigs II. zum Märtyrer schuf eine ideale Voraussetzung für die Ausbildung eines Mythos. Vor allem im bayerischen Oberland ist der „Kini" bis heute unvergessen

Die Schanzer

Königstreuen

Ludwig II.
König von Bayern

19 88

„Thronstützen" lautet der Titel dieser Zeichnung von Eduard Thöny, die im Dezember 1918 in der Zeitschrift Simplicissimus erschien – ein Abgesang auf die damalige Königstreue. Draußen tobt die Revolution, im Wirtshaus spielen die Bürger Karten. Im Bildtext heißt es: „Wos, an Kini hamm's abgsetzt? Wos tean ma denn da? Spieln ma halt weita... wer hat denn gebn?"

Ein vages Gefühl, schwer zu fassen

Die Zuneigung zu den Herrschern lässt sich in Bayern als freudige Empfindung und als eine Art Nationalsport erspüren

In Aventins bekannter Charakteristik des Bayern – ist geistlich, schlicht und recht, bleibt gern daheim, trinkt sehr, macht viel Kinder, und so fort – kommt die Königstreue nicht vor. Dennoch gilt es, wenn auch vielleicht mehr unter den Mutmaßern als unter den Kennern, als ausgemacht, dass der bayerische Mensch auch mit dieser Tugend hinlänglich ausgestattet ist.

Von Art und Wechselseitigkeit der Königstreue kann man kaum Schöneres berichten als einerseits eine Äußerung, die der Kaltenegger-Bräu aus dem Karmelitergassl tat, als Kurfürst Max Joseph, nachmals König Max I. Joseph, im Februar 1799 in München einzog: „Grüaß Gott, Maxl, weilst nur grad da bist . . .“ In dem Buch „Unser Bayerland“, das 1906 zum 100-jährigen Jubiläum des Königreichs Bayern erschien und ein Ausbund an Königsseligkeit ist, wird über diesen schlichten Gruß gesagt, dass noch keine Rede „das tiefe, lebendige Empfinden eines Volkes, seine Liebe und Treue zum Fürsten in so rührender Weise zum Ausklange gebracht“ habe.

Andererseits haben es auch die Könige nicht an lobenden Worten für ihre Untertanen fehlen lassen. So zum Beispiel sagte der nämliche „Maxl“ 25 Jahre später, als man für sein Denkmal vor der Oper den Grundstein legte, zu Münchens Zweitem Bürgermeister Jakob Klar: „Meine Bayern sind ein treues und biederes Volk, wie es keines wieder gibt.“ Er habe das auch schon die Kaiser von Österreich und Russland wissen lassen, mit denen er nicht tauschen wolle. „Alles für meine Bayern“, fuhr er fort, „denn sie tun auch alles für mich.“ Wollte man die gegenwärtige Königstreue statistisch erheben, käme man möglicherweise zu dem Schluss, dass sie als solche gar nicht existiert. Zwar gibt es eine Menge von Vereinen, die sich die Treue zum Haus Wittelsbach aufs Panier geschrieben haben,

doch sind sie insofern irrelevant, als sich ihre Königstreue in aller Regel auf Ludwig II. selig richtet, der dazu keine Stellung mehr nehmen kann.

Dass er kein Mann des Volkes und der Volksnähe, gar der Heimeligkeit war, lehrt die Geschichtsschreibung. Ministerpräsident von der Pfordten erreichte es zu Beginn des 66er Krieges nur mit Mühe, dass Ludwig ihn empfing, „um wenigstens den Schein zu wahren, als nehme er an den Lebensfragen für sein Land inneren Anteil“. Mit gutem Grund nennt Nina Gockerell diese ebenso spezialisierte wie eingeengte Königstreue einen dem Tabakschnupfen oder dem Tragen von weiß-blauen Rautenkrawatten vergleichbaren „Nationalsport“.

Die nicht vereinsgebundene Königstreue ist ein frei flottierendes vages Gefühl und entsprechend schwer zu fassen. Als Franz von Bayern 70 wurde, wimmelte das Nymphenburger Schlossgelände nur so von Leuten, doch wird man nicht danebenliegen, wenn man die Teilnahme grosso modo auf die Rechnung der Schaulust nimmt statt auf die der Königstreue – gerade bei diesem Jubilar, der die Verpflichtung aus seinem Erbe auf dem Feld des Geistigen, Künstlerischen und Sozialen einzulösen sucht und sich schönstens bedanken würde, wollte man ihm einen Hermelin umlegen. Wenn bei solchen Anlässen Monarchistisches oder Royalistisches mitspielt, dann im Sinn von Georg Lohmeier, dessen oft und oft gebetetes Credo darauf hinauslief, dass man keinen König brauche, es aber schön wäre, einen zu haben.

Wenn es so etwas wie eine spezifisch bayerische Königstreue gibt, dann als Teil eines Clusters an Eigenschaften, von denen die Ersch/Grubersche Enzyklopädie von 1821 die Treuherzigkeit, Ehrlichkeit und Gutmütigkeit namhaft macht, um fortzufahren, dass aus dem Nationalcharakter „biedere Treue“ und „lebhafter Patriotismus" hervorleuchteten. Dabei handelt es sich um einen auf Bayern, nicht auf Deutschland bezogenen Patriotismus, und in alten Landesbeschreibungen wird den Bayern gern nachgerühmt, „dass vielleicht keine andere Nation ihrem Landesherrn getreuer ist, als selbige". Derlei liest man bei Westenrieder und bei Pezzl, und in einem Zeitschriftenartikel von 1829 heißt es: „Eine freudige Empfindung durchwehet die Menge, gewahrt sie den Fürsten oder Einen der Seinigen. Das schöne Gefühl des Patriotismus ist es auch, welches den kriegerischen Sinn des Volkes verstärkt."

Das ist ebenso pompös wie peinlich, und wahrscheinlich ist es, in dieser Pauschalität jedenfalls, auch falsch. Selbst wenn man unterstellt, dass die Königstreue an Ludwig II. umso heftiger entbrannte, als er sich ihr zu entziehen trachtete, wird man registrieren müssen, wie schnell sie nach seinem Tod – für viele noch heute ein Mord – erkaltete. Ludwig hatte in der Proklamation vom 9. Juni 1886 jeden königstreuen Bayern aufgefordert, „den Prinzen Luitpold und das bisherige Gesamtstaatsministerium als Hochverräter zu bekämpfen". Das hing dem Prinzregenten lange nach. Dass er es zudem versäumte, die Überparteilichkeit der Krone zu wahren, machte die Sache nicht besser: Zeitgenossen sahen ihn durch die „chinesische Mauer" seiner Umgebung vom Volk abgeschieden.

Luitpold konnte, wie Karl Möckl schreibt, „nur noch für seine Person jene Anhänglichkeit und Zuneigung zu erreichen suchen, die im Bewusstsein des Volkes der verfassungsmäßigen Institution des Monarchen nicht mehr zukam". Diese Zuneigung scheint er im Lauf der Jahre dadurch gewonnen zu haben, dass er weniger um den Beifall der Leute warb als um ihre Liebe. Nach gut bayerischem Brauch hat sich die Anekdote dieser gar herzlichen Symbiose angenommen. Luitpold war ein großer Jäger und auf so legerem Fuß mit jedermann, dass einst, als er mit einem Toilettefehler zur Pirsch antrat, ein Oberjäger die peinliche Situation mit folgender launigen Anrede ins Reine bringen konnte: „So, und iatz machma mia alle amoi 's Hosentürl zua!" Karl-Ludwig Ay hat einmal die bayerischen Zustände während des Ersten Weltkriegs untersucht. Er zitiert einen anonymen Brief, der 1916 im Kabinett König Ludwigs III. einging. Darin stand unter anderem dies: „Nieder mit dem preußischen Cäsarenwahn! Sollten Eure Majestät mit Ihren Ministern den Anlass hierzu nicht geben wollen, so soll der Fluch des armen Volkes Euch bis ans Lebensende verfolgen, sollten die Kugeln, welche für

Beisetzung König Ludwigs III. im November 1921: Gebirgsschützen und Honoratioren defilieren an den Särgen des Königspaares an der Münchner Ludwigskirche vorbei. Königin Marie Therese war bereits 1919 gestorben und vorläufig auf Schloss Wildenwart beigesetzt worden. Von dort aus wurden die Särge Ludwigs und seiner Frau mit dem Zug nach München gebracht

Euch alle gegossen, Euch nicht überraschen." Ay kommt zu dem Schluss, dass die monarchische Gesinnung schon im 19. Jahrhundert viel an Substanz eingebüßt habe, eine Erosion, die der neben dem legitimen, wenn auch geisteskranken König Otto regierende Ludwig eher förderte als bremste. Überhaupt sei „die Anhänglichkeit des Bayernvolkes an sein Königshaus bestenfalls eine liebenswerte Legende": Man habe, wenn überhaupt, nie die wirklich bedeu-

tenden Landesherrn geliebt, sondern „gescheiterte Bankrotteure" wie Max Emanuel oder Ludwig II.

Kommt die bayerische Königstreue zu Wort, dann treuherzig. Zu Ludwig III., der bei Ausbruch der Revolution im Englischen Garten spazieren ging, soll ein Arbeiter gesagt haben: „Majestät, gengan S' hoam und bleibn S' in der Residenz, sonst passiert Eahna was." Den Kontrast dazu bildet die seltsam gespreizte Verehrung, die König und Königtum von Dichterseite erfuhren, oft von den so genannten Nordlichtern, die Max II. zum Verdruss vieler Einheimischer nach München holte. Das hat sich erhalten, weil es, wie bei Dank- und Ergebenheitsadressen üblich, niedergeschrieben wurde, obwohl es manchmal besser der Gnade des Vergessens anheim gestellt worden wäre. Der Benefiziat Johannes Schrott zum Beispiel besang die Schreibfeder König Max' II.: „Du Friedensschwert

und Scepter, schlichte Feder, / Mit der die reinste Königshand geschrieben, / Könnt' ich dich ehren, wie ich muss' ihn lieben, / Dich bärg' ein goldgefasster Schrein von Ceder." August von Platen aber verlor vor Ludwig I. fast die Besinnung: „Und zürnst du noch, wenn trunken ein Dichter dir / Ausgießt des Lobes Weihungen? Zwar es sind / Nur Tropfen Taus, doch deine Sonne / Macht sie zu farbigen Regenbögen."

Auf schwere Essen trinkt man in Bayern ein Schnapserl, und auf Verse wie die zitierten sollte man sich ein Mundartgedicht Franz von Kobells genehmigen. Darin geht es um einen Buben, der bei der königlichen Jagd von einem Keiler niedergerannt worden ist und sich nun vom König eine Gnade ausbitten darf. Lange schweigt der Bub, doch als die Hofleute in ihn dringen, er solle sich doch nicht so anstellen, sagt er nur diesen einen Satz: „Außi möcht i!" *Hermann Unterstöger*

Im 17. und 18. Jahrhundert entdeckten die Reiseschriftsteller das Land Bayern. Sie schilderten die Eigenarten, Sitten und Gebräuche des bayerischen Volkes, neigten dabei aber häufig zum Spott und zu Vorurteilen. Im 19. Jahrhundert dokumentierten dann vor allem die Künstler Land und Leute, wobei sie die dargestellten Szenen gerne idealisierten. Sie malten die Bayern fast standardmäßig als lebensfrohes Landvolk – wie hier auf dem Bild „Tanz in einem Dachauer Dorfgasthaus" von Lorenzo Quaglio d.J. aus dem Jahre 1846.

„Alles so großtuerisch, herzlos und leer"

Im Januar 1871 nahm das Zweite Deutsche Reich in Versailles seinen Anfang.
Mit einem souverän gebliebenen Bayern
wäre vieles anders gelaufen in der deutschen Geschichte

Zweihundert Jahre Königreich Bayern – dieses Bicentennial fordert die Frage heraus, wie sich die politische Ordnung in Europa mit einem souveränen Bayern entwickelt hätte. Schließlich leben in Bayern mehr Menschen als in den EU-Mitgliedstaaten Griechenland, Portugal, der Tschechischen Republik oder in Österreich. Und was seine Wirtschaftskraft angeht, exportiert der weiß-blaue Freistaat zur Zeit pro Jahr ungefähr so viel wie Finnland, die Schweiz und Australien und liegt damit zwischen Russland und Schweden. Zwar klingt gerade auf Bairisch das Reden über Alternativ-Historien („was wäre wenn") irgendwie selbstverachtend – „wenn i, waar i, daad i". Aber: Eine kontrafaktisch erzählte Geschichte kann der realen Geschichte den Spiegel vorhalten – wie in einem Lehrstück. Wo was schief gelaufen ist. Und wie die Lehre lautet.

Die Stelle, wo der Lodenmantel der weiß-blauen Geschichte falsch weitergeknöpft wurde, liegt in einem von preußischen Truppen eroberten Schloss in Frankreich, genauer im Spiegelsaal von Versailles. Wo im Januar 1871, nach den Siegen bei Sedan und Metz, Wilhelm von Hohenzollern zum Deutschen Kaiser ausgerufen wurde, das Zweite Deutsche Reich seinen Anfang nahm und Bayern zwar ein eigener Staat blieb (das sind wir nach dem Artikel 1 der Bayerischen Verfassung bis heute), aber seine Unabhängigkeit, Souveränität und Selbstbestimmung verlor. „Ach Ludwig, welch wehmütigen Eindruck macht es mir, unsere Bayern sich da vor dem Kaiser neigen zu sehen", schrieb Prinz Otto seinem Bruder, dem König, nach München. „Alles so kalt, so stolz, so prunkend und großtuerisch und herzlos und leer!"

Schon 1867 hatte der preußische Botschafter in München, ein Freiherr von Werthern, seine Aufgabe als das Kunststück bezeichnet, Bayern eine „Euthana-

sia" zu bereiten und es „mit sanfter Hand zum Tode zu führen". König Ludwig II. unternahm während der Versailler Verhandlungen sogar noch den Versuch, die Vergabe der Kaiserkrone alternierend zu gestalten, also im Wechsel zwischen Preußen und Bayern. Zu diesem Zeitpunkt aber hatte die bayerische Delegation in Versailles, darunter der bayerische Justiz- und Innenminister von Lutz und als Hofbeamter der Oberstallmeister von Holnstein, dem König von Preußen seine Vorrechte schon zugestanden, was der Architekt dieser Verträge, Otto von Bismarck, in seinen „Gedanken und Erinnerungen" eindrucksvoll beschreibt.

Die Namen Johann von Lutz und Max von Holnstein tauchen in den bayerischen Geschichtsbüchern 15 Jahre später ja wieder auf, als Hauptakteure der staatsstreichartigen Verhaftung König Ludwigs II. in Neuschwanstein und seiner „Entmündigung" durch eine von Lutz in Auftrag gegebene Ferndiagnose des Irrenarztes Bernhard von Gudden. Von Lutz hatte Jahre zuvor diesen Gutachter gegen den Widerstand der medizinischen Fakultät in einem anzweifelbaren Verfahren zum Professor an der Münchner Universität gemacht.

Bei einem alternativen Verlauf unserer Geschichte hätte es aber nicht nur die „Königskatastrophe" von 1886 am Starnberger See nicht gegeben. Mit einem souverän gebliebenen Bayern wäre auch die spätere imperiale Politik Wilhelm II. so nicht gelaufen und alles, was danach kam, demzufolge auch nicht. Jedenfalls so nicht.

Niemand kann heute mehr sagen, dass die Machtverlagerung hinauf nach Berlin historisch sinnvoll gewesen wäre. Ökonomisch erweist sie sich geradezu als Zwangsjacke. Schließlich liegt Bayern für sich genommen heute unter sämtlichen Exportnationen der Welt auf Platz 18. Man kann also ganz zwanglos feststel-

Otto von Bismarck (1815-98) war der
Architekt der Reichsgründung von 1870.
Bayern blieb ein eigener Staat mit
Sonderrechten, verlor aber seine
Unabhängigkeit. Dass sich Ludwig
die Zustimmung von Bismarck
abkaufen ließ, ist nicht zu belegen.
Das Porträt malte Franz von Lenbach

Die Kaiserproklamation von 1871:
Der bayerische Landtag hatte noch gar nicht
darüber abgestimmt, da wurde der preußische
König Wilhelm I. in Versailles bereits
zum deutschen Kaiser ausgerufen. Das
Ölgemälde, in der Mitte Bismarck in der
weißen Uniform, stellte Anton von
Werner aus Anlass des 80. Geburtstags
von Kaiser Wilhelm I.(1797-1888) fertig

len, dass ein souverän gebliebenes Bayern, welches seinen wirtschaftlichen Mehrwert nicht für alle Zukunft via Länderfinanzausgleich an das innerdeutsche Ausland hätte abtreten müssen, über eine ungleich bessere Ausgangsposition verfügte. Globalisierungskritiker von heute wissen außerdem, dass mit der zunehmenden Verlagerung von Entscheidungskompetenzen auf eine höhere Ebene die Transparenz von Entscheidungsprozessen abnimmt und Demokratie und Freiheit an Substanz verlieren. Der Münchner Max Weber sah diese Entwicklung freilich schon zu Beginn des 20. Jahrhunderts voraus, in der „Entzauberung der Welt", verwaltet unter einem immer größeren „stahlharten Gehäuse".

Wer wissen will, wie im Januar 1871 die Stimmung in Bayern war, soll sich die eigene Stimmungslage bei der Debatte um die EU-Verfassung und zuvor beim Maastricht-Vertrag vergegenwärtigen: hin- und hergerissen von der Dynamik, die der Sonderbund angenommen hatte, von der kunstvollen Konstruktion des Unternehmens, dem höheren Ziel. Aber eben auch von seiner Künstlichkeit und dem Verlust der alten Ordnung.

Die süddeutschen Staaten waren 1870 noch unabhängig, und die Patriotische Partei Bayern leistete den Anschlusstendenzen heftigen und zunächst erfolgreichen Widerstand, indem sie nicht zuletzt die Erinnerung an die glücklichen Jahre einer tausendjährigen Selbständigkeit unter dem Dach des Heiligen Römischen Reiches Deutscher Nation beschwor und in der

wenige Jahre zurückliegenden Verfassung der Frankfurter Paulskirche für den lockeren Zusammenschluss eines Deutschen Bundes die Ahnung einer Alternative sah. Ein bedeutender politischer Denker, Constantin Frantz, vertrat in dieser Debatte die Auffassung, Deutschland sei nicht dazu bestimmt, ein abgeschlossener Nationalstaat zu sein. Der Universalismus, die beste aller deutschen Traditionen, stelle keinen Gegensatz zu einem vielfältigen sonstigen Sonderleben der Landschaften und Regionen dar, wohl aber die absehbare Dominanz des neuen Zentralstaates von Berlin, der ein fälschlich so genanntes „Reich" ohne Ideen und wirkliche Kultur geschaffen habe. Anders drücken es heutzutage die Kritiker des Eurozentrismus auch nicht aus.

Auf eine beunruhigende Weise nicht nur seherisch, sondern auch aktuell lesen sich die „Reden verfassungstreuer Patrioten in den bayerischen Kammern über die Versailler Verträge", die damals per Flugschrift in allen Bezirken des bayerischen Königreichs verteilt wurden. Beispielsweise des Abgeordneten Krätzer aus Passau: „Wohin führt die Gründung eines solchen Staates? Zu Kriegen, zur Bekämpfung anderer Staaten! Die Sucht, die Herrschaft über Europa zu bekommen, liegt zu Grunde . . ." Beunruhigend ist diese Lektüre deshalb, weil man in der Rückschau ja viel besser sieht und weiß, wie richtig und vergeblich das Gesagte war.

„Finis Bavariae" schrieb am 21. Januar 1871 Ludwig von der Pfordten, der frühere und erste Ministerratsvorsitzende Bayerns, in sein Tagebuch, als sich die Mehrheit des Bayerischen Landtags nach langen und heftigen Diskussionen für die Annahme der Verträge entschied: „Vor 78 Jahren haben die Franzosen ihren König ermordet, heute haben die Abgeordneten Bayerns ihren König und ihr Land unter die preußische Militärherrschaft mediatisiert."

Das ist alles wahr. Die in Berlin waren uns über. Aber wahr ist auch, dass es Preußen nicht mehr gibt. Dieser Staat ist gekippt, wie ein Biotop, dem zu viel Energie zugeführt wurde. Ein Vorgang, der den „Mediatisierern" von heute zur Warnung dienen kann. Bayern aber lebt weiter, nicht nur als Zustand, sondern letztlich auch als dauerhafte Organisationseinheit. Und als Königreich der Herzen. Dies verdanken wir der Reihe wittelsbachischer Könige, deren Fiktionen und gebaute Märchen sich am Ende doch noch als Zukunftsschlager erwiesen haben. Aller Realpolitik zum Trotz, die Ahnung einer Alternative wachhaltend.
Peter Gauweiler

Gefecht im Elsaß am 1. August 1870. Das Gemälde von Louis Braun (1836–1916) zeigt einen bayerischen Cheveauleger, der einen gestürzten preußischen Husaren vor den Franzosen rettet

Bismarcks Millionen

*Ludwig II. brauchte Geld, den Eintritt Bayerns
ins Kaiserreich hat er sich aber nicht abkaufen lassen*

Am 30. November 1870 trägt Ludwig II. im Namen der deutschen Fürsten dem preußischen König im so genannten Kaiserbrief die Kaiserwürde an. Dieser Kaiserbrief, der von den Nationalliberalen in Bayern nach 1871 – in grandioser historischer und politischer Unkenntnis beziehungsweise in absichtsvoller Fehleinschätzung – als die größte Tat stilisiert worden ist, die je ein wittelsbachischer Fürst vollbracht habe, liegt im Schnittpunkt verschiedenster Interessen und Fragestellungen. Bei Ludwig II. war indes von einer diesbezüglichen Spontaneität nun überhaupt nichts zu verspüren. Das hat weniger etwas zu tun mit psychologisch zu deutenden Rückzugssyndromen eines schon geisteskranken Königs, aber sehr viel mit dem Selbstverständnis eines wittelsbachischen Monarchen, der, gerade wenn man historisch argumentierte, im preußischen König mit gutem Recht den dynastischen Parvenu sehen mochte.

Von daher erklärt es sich, dass es einer vielfältigen Beeinflussung und Bearbeitung bedurfte, um Ludwig II. schließlich doch zu diesem Schritt zu bewegen: Bismarck selbst, Ludwigs eigene Minister, sein Oberststallmeister Graf von Holnstein und der Großherzog von Baden sind hier zu nennen. Und dann gibt es noch die immer wieder diskutierte Frage, ob sich Ludwig seine schließliche Bereitschaft zur Abfassung des Kaiserbriefes hat abkaufen lassen.

Drei Dinge stehen in diesem Zusammenhang fest: einmal die Tatsache, dass Ludwig II. an Bismarck 1870 mit Geldwünschen herangetreten ist, wobei die Begründung entweder im Wunsch nach Wiedererstattung der 30 Millionen Gulden Kriegskostenentschädigung von 1866 oder im Bestreben nach Aushilfe aus seinen privaten Finanzproblemen angesichts der königlichen Bautätigkeit zu suchen ist; zum anderen die Tatsache, dass bis zu seinem Tod rund vier Millionen Goldmark an Ludwig II. gegangen sind, die Bismarck aus dem Welfenfonds bestritt, und dass Graf Holn-

stein eine Provision in Höhe von zehn Prozent der jährlichen Überweisungen, nämlich 300 000 Goldmark kassierte; und schließlich die Tatsache, dass die Gelder nicht in die bayerische Staatskasse flossen, sondern auf ausdrücklichen Wunsch des Königs hin in die Kasse der königlichen Zivilliste, also vorbei an Regierung, Parlament und Öffentlichkeit, die also von diesen regelmäßigen Zahlungen auch nichts wussten.

Was die Spekulationen hinsichtlich tatsächlicher oder auch nur vorstellbarer Kausalitätslinien zwischen diesen drei unstrittigen Befunden betrifft, so ist man gut beraten, von Skandalvorstellungen Abstand zu nehmen: Die bayerische Zustimmung zu den Novemberverträgen ist von solchen Geldzahlungen sicherlich unberührt; der Eintritt Bayerns ins Kaiserreich ist Ludwig II. nicht abgekauft worden. Dass es andererseits massive Geldwünsche des Königs, wie auch eine private finanzielle Notlage gab, ist ebenso unstrittig, und dass sich Bismarck – in genauer Kenntnis dieser Verhältnisse – für die Abfassung des Kaiserbriefs bedankte, ist um ein Vielfaches wahrscheinlicher als die Annahme, dass Ludwig II. den Kaiserbrief ohne die Aussicht auf die Zahlungen aus dem Welfenfonds nicht geschrieben hätte. *Hans-Michael Körner*

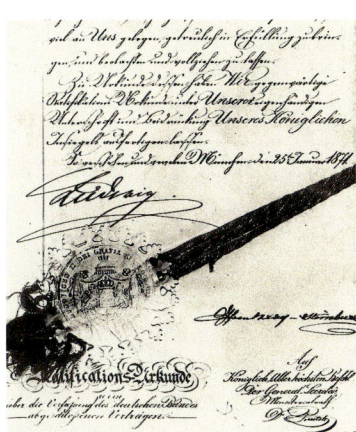

Nach dem Eintritt des Königreichs Bayern in das Bismarcksche Reich war es kein wirklich souveräner Staat mehr und hatte wesentliche Rechte an den neuen deutschen Gesamtstaat abgegeben. Das Foto zeigt die von Ludwig II. unterzeichnete Beitrittsurkunde zum Deutschen Reich vom 25. Januar 1871.

„Meine Liebe währt ewig"

Richard Wagner überforderte die Gunst des Königs

Es war beiderseitig eine Art Liebe auf den ersten Blick: Prinz Ludwig erlebte 1861 seinen ersten „Lohengrin" und kam spätestens von da an der schnöden Alltagswelt abhanden. Richard Wagner wiederum entdeckte ein Bild des Königs am 25. März 1864 in einem Münchner Schaufenster und war gerührt von dessen Schönheit und Jugend. Im April 1864 sandte Ludwig als eine seiner ersten königlichen Amtshandlungen Franz von Pfistermeister zu Wagner, der aus Wien in die Schweiz geflohen war, verschuldet und frustriert vom Scheitern der Wiener „Tristan"-Uraufführungsversuche. Pfistermeister, der dem Meister nachreiste, bis er ihn in einem Stuttgarter Hotelzimmer traf, konnte mit seiner Einladung Wagner gar nicht willkommener sein.

Am 4. Mai 1864 sahen sich Richard und Ludwig in der Münchner Residenz das erste Mal. Ludwig zögerte nicht, die Schulden zu begleichen und Wagner eine üppige jährliche Apanage auszustellen. Wagner war enthusiasmiert von der Hingabe des Königs an sein Genie: „Täglich schickt er ein- oder zweimal, ich fliege dann immer wie zur Geliebten . . . So sitzen wir oft Stunden da, Einer in den Anblick des Andren verloren." Endlich fühlte sich der Komponist in seinem Rang anerkannt und finanziell nach Maß und Tarif ausgestattet. Ludwig schenkte ihm in der Briennerstraße eine Villa, in die Wagner einzog mit Cosima, kurzzeitig auch ihr Gatte Hans von Bülow. Cosima teilte allerdings längst schon Tisch und Bett mit Richard.

Am 10. Juni 1865 wurde „Tristan und Isolde" mit großem Beifall uraufgeführt, Ludwig war hingerissen. Wagner holte Gottfried Semper nach München, der ein Festspieltheater am Isarufer bauen sollte. Die kühnen Pläne verhinderten Kabinett und Untertanen gleichermaßen. Die Probleme Wagners mehrten sich rasch – ein Münchner Wirt nannte ihn „Lolus" in Anspielung auf Lola Montez und Ludwig I. –, die Gerüchte über das Verhältnis zu Cosima wuchsen, außerdem mischte er sich ungut in die Politik ein. Ludwig wurde bedrängt, den sich zwischen König und Volk schiebenden Schnorrer abzuservieren.

Wagner reagierte frech: Er bestritt die Vorwürfe um Cosima. Tatsächlich gab Ludwig sogar eine Ehrenerklärung zu Cosimas Unschuld ab. Als doch herauskam, dass Wagner seinen König belog, waren die Konsequenzen abzusehen. Trotz der bitteren Erfahrung mit der Egomanie des geliebten Komponisten, blieb Ludwig treu in seinen Abmachungen und in seiner Freundschaft. Die letzte wie in den Anfangszeiten inspirierende Aussprache – Wagner ahnte noch nichts und Ludwig verdrängte das Prekäre der Situation – fand auf Hohenschwangau vom 11. bis 18. November 1865 statt. Wagner ließ am ersten Morgen von den vier Ecktürmen die „Morgenmusik" aus Lohengrin, II. Akt, spielen, der König dankte bewegt. Noch einmal saßen die beiden Selbstschöpfer und Gesamtkunstwerker, der Theaterfürst und das Musiktheatergenie im berauschenden Dialog beieinander.

Doch die Anwürfe gegen Wagner als „Landplage, bezahlter Musikmacher, Barrikadenmann", der den König „isolieren" und gar für „landesverräterische Ideen" „ausbeuten" wolle, nahmen heftig zu. Als Prinz Karl von Bayern im Namen der Familie und des Landes die Entfernung Wagners forderte, musste Ludwig handeln. Die mündlich überbrachte Botschaft wollte Wagner noch nicht ernst nehmen. Aber Ludwigs Brief vom 7. Dezember 1865, in dem er den für ihn schweren Beschluss bestätigte, zugleich aber beteuerte, „meine Liebe zu Ihnen währt ewig", ließ Wagner keine Wahl, er musste am 10. Dezember abreisen.

In grotesker Selbstüberschätzung hatte er geglaubt, um seinetwillen würde Ludwig auch ihm feindliche Politiker entfernen, was nicht geschah. Wagner hatte auch gemeint, durch die Gunst des Königs so geschützt zu sein, dass sein großspuriger Lebensstil Bürger und Kabinett zwar provozieren mochte, sie ihm aber nichts würden anhaben können.

Der von vielen Neidern mit Misstrauen
verfolgte Richard Wagner nützte
die Hingabe König Ludwigs II. an
sein Genie weidlich aus

Doch für das Werk eines Einzigen ein eigenes Theater auf Steuerkosten bauen zu wollen, einem notorischen Schuldner, heuchlerischen Ehebrecher dazu,
Geld mit vollen Händen hinterherzuwerfen und unter
dessen intriganten Einfluss zu geraten – das war zu

viel. Und gegen Wagners unglückliches Talent, Neid
und Hass heraufzubeschwören, war auch Ludwig
machtlos. Doch hielt er zu Richard bis zu dessen Tod
1883. Ob bei der Villa Wahnfried oder bei der Finanzierung des Festspielhauses in Bayreuth, auf Ludwig
war Verlass. „Lohengrin", „Tristan" oder „Parzival"
waren für Ludwig sowieso Traumwahrheiten, in denen er lebte und die er in seinen Schlossbauten auf einzigartige Weise verwirklichte.   *Harald Eggebrecht*

Diner mit der Pompadour

*Ludwigs Speisen waren erlesen und raffiniert zubereitet,
die Essenszeiten waren ungewöhnlich,
und manche seiner Gäste tafelten nur in seiner Imagination mit*

Nach Mitternacht, zwischen ein und zwei Uhr, pflegte der König das Diner einzunehmen. Er aß reichlich, und doch schienen Mahlzeiten für ihn nur eine unumgängliche Unterbrechung seiner geistigen Tätigkeit zu sein. Er lobte sie nicht, und er tadelte sie nicht. Ohnehin war für Ludwig II. die Inszenierung des Mahls wichtiger als die Speisen selbst. Fürs Diner mussten die Bediensteten pompös gestaltete Schauplatten auftischen. Da wurden Langusten und Hummer auf Terra-alba-Sockeln drapiert, um allegorische Figuren gruppierte man pikante Aspiks mit Wildschweinpastetchen oder Gänseleberparfaits, und an marmorierten Füllhörnern aus gebrannten Mandeln rankten sich Petits fours und grün schillernde Pistaziendesserts empor. Nach dem Essen widmete sich der König wieder den Staatsgeschäften, brütete über den Plänen für seine Schlösser, oder er ließ sich, sofern er in München weilte, durch den nächtlichen Englischen Garten kutschieren. Gegen sechs, sieben Uhr in der Früh erwartete er das Souper, das er meist an einem kleinen Tisch neben dem Schreibtisch einnahm. Danach ging er zu Bett.

Es versteht sich von selbst, dass das Küchenpersonal sich wie alle anderen den königlichen Marotten zu unterwerfen hatte. „Mein Sohn, du musst dich umstellen", mahnte der Hofküchenmeister den 14-jährigen Kücheneleven Theodor Hierneis, als dieser am 1. No-

vember 1882 in die Dienste des Königlich-Bayerischen Obersthofmarschallstabes eintrat. Umstellen, das hieß: die Nacht zum Tage machen. Zudem hatte Ludwig II. noch diverse andere Eigenheiten, auf die das Küchenpersonal Rücksicht nehmen musste. Nicht die geringste war, jeden Essensgang für vier Personen anzurichten, obwohl einzig der König an der Tafel saß. Doch allein war er nur aus der Sicht gewöhnlicher Domestiken. Majestät fühlte sich durchaus in Gesellschaft. In seiner Imagination hatte er die erlesensten Kreise des französischen Hofs um sich. Die Madame de Maintenon etwa, die heimliche Gemahlin seines Vorbilds Ludwig XIV. Oder die Dubarry und die Pompadour, die Mätressen Ludwigs XV. Man munkelte am Hof, dass er charmant mit den erlauchten Damen plaudere und bei Gelegenheit auf sie das Glas erhebe.

Theodor Hierneis, der vier Jahre lang in der Hofküche des bayerischen Monarchen gewirkt und noch dessen letzte Lebenstage auf Schloss Berg begleitet hat, brachte 1953 seine Erinnerungen zu Papier. Knapp 20 Jahre später hat der Regisseur Hans Jürgen Syberberg diese Aufzeichnungen als Stoff für seinen Film „Theodor Hierneis oder wie man ‚ehemaliger Hofkoch' wird" genommen. Walter Sedlmayr schlüpft dabei in die Rolle des alten Hierneis, der die Schauplätze seiner Elevenjahre besucht: die Münchner Residenz, die Schlösser Herrenchiemsee und Neuschwanstein, die Berghütte

**Tasse der Königin Marie mit dem Porträt
des Buben Ludwig**

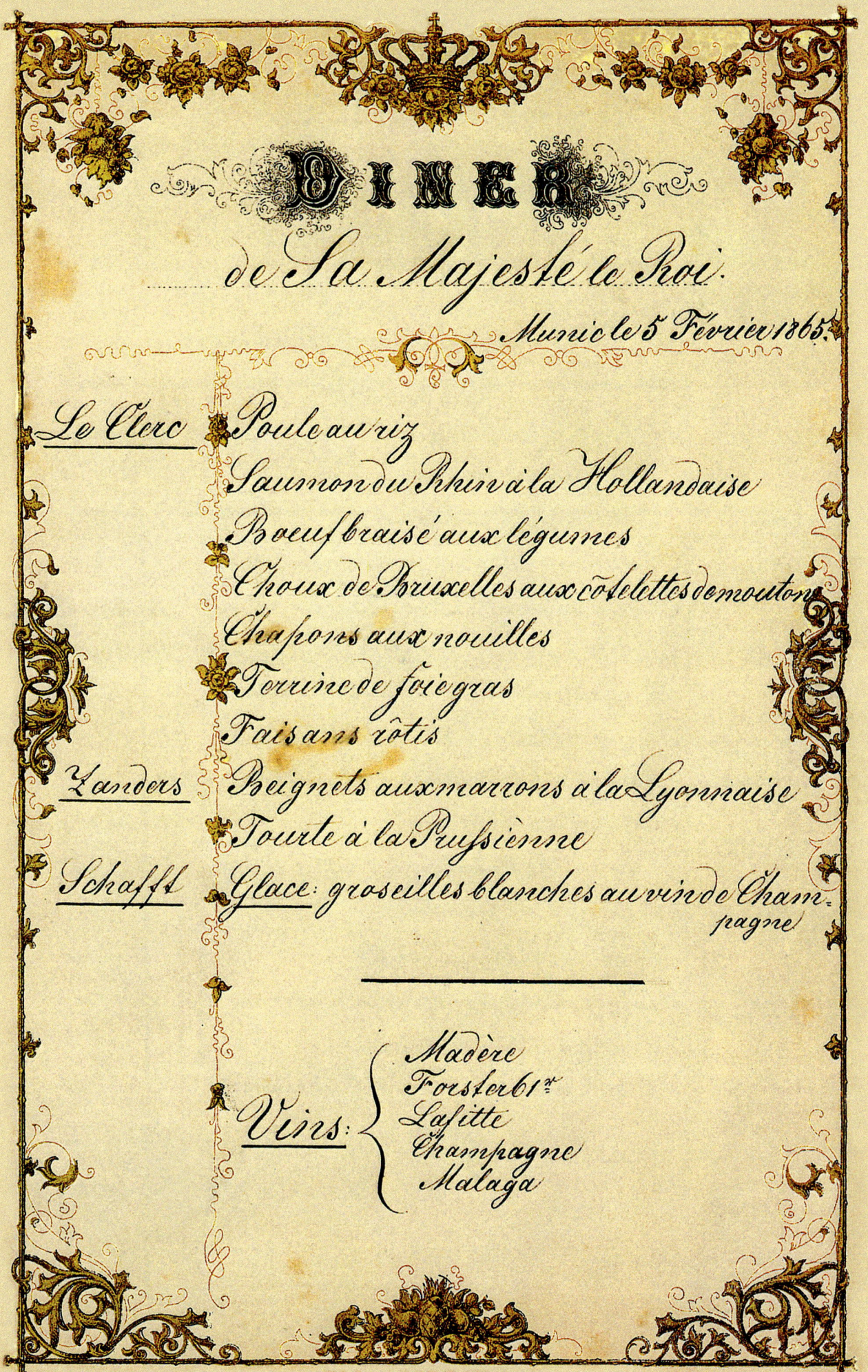

DINER

de Sa Majesté le Roi.

Munic le 5 Février 1865.

Le Clerc — Poule au riz

Saumon du Rhin à la Hollandaise

Boeuf braisé aux légumes

Choux de Bruxelles aux côtelettes de mouton

Chapons aux nouilles

Terrine de foie gras

Faisans rôtis

Zanders — Beignets aux marrons à la Lyonnaise

Tourte à la Prussienne

Schafft — Glace: groseilles blanches au vin de Champagne

Vins:
- Madère
- Forster 61r
- Lafitte
- Champagne
- Malaga

Lith. Anst. v. W. Stähle München.

1873 fand in der Münchner
Residenz das Vermählungs-
bankett des Prinzen Leopold
und der Erzherzogin Gisela statt,
einer Tochter der österreichischen
Kaiserin Elisabeth. In der Mitte
König Ludwig II.

König Ludwig II. zusammen mit seiner Mutter Marie und
seinem Bruder Otto bei Tisch – die Aufnahme stammt aus
der Zeit um 1865

auf dem Schachen oder die Venusgrotte im Park von
Schloss Linderhof, wo Ludwig in Wagnersche Opern-
welten eintauchte. Einzigartig, wie Sedlmayr dabei
mit gespitzten Lippen die Geheimnisse der Münchner
Hofküche preisgibt: „Über das Essen hat sich der König selten geäußert, und es war deshalb nicht leicht,
den Geschmack seiner Majestät zu treffen. Auch hat
sich der Geschmack und der Appetit natürlich sehr
nach der jeweiligen Laune gerichtet – man hat ja immer Rücksicht nehmen müssen auf die schlechten
Zähne der Majestät, und deshalb hat man alles sehr
weich und sehr flockig zubereitet. Nur in Suppen, da
war die Auswahl ziemlich unbeschränkt: Braune Con-
sommé mit Einlagen aller Art – Reis, Fadennudeln,
Schinkenröllchen, Leberspätzel –, dann die so genannten gebundenen Suppen, Wildpüréesuppe, die Crème
à la Reine, Chicoréesuppe, Ochsenschweifsuppe, auch
a schöne Brotsuppn, aber net so, wie's bei die Bauern
g'macht wird. Sehr oft hat der König auch Fisch bekommen, Forellen, Seezungenfilets in Weinsauce oder
gebacken mit Kräuterbutter oder Sauce Remoulade,
und dann hat man meistens ein schönes Stück Rind-
fleisch folgen lassen, meistens war's ein Roastbeef, das
man einige Stunden gekocht hat, schön zusammen-
gebunden und dann in vier fingerdicken Scheiben
serviert hat." Als Lehrling in der königlichen Küche
hatte Theodor Hierneis einen geradezu privilegierten

Status. Die Verpflegung war reichlich, es gab jeden
Tag ein Stück Fleisch und dazu 1,40 Mark in bar. War
der König unterwegs, auf Berghäusern, Jagdhütten
oder Schlössern, erhielten die Küchenjungen sogar
2,16 Mark. Nur mit der Unterkunft haperte es:
Hierneis wohnte mit einem Kollegen in einem Zimmer
unter dem Wintergarten der Residenz, auf dessen
künstlichem See der König mit einer Gondel zu fahren
geruhte. Das Bassin war leck, weshalb unentwegt
Wasser in die Kammer der Küchenjungen tropfte.

Hierneis stellt den königlichen Küchenchefs ein
glänzendes Zeugnis aus: „Die Grundlage und das
große Vorbild der bayrischen Hofküche war – übrigens im Gegensatz zum Berliner Hof, der die eng-
lisch-deutsche Kost vertrat – die französische Gas-
tronomie; und ich glaube, dass sich die Küche der
Münchner Residenz der Namen der berühmten
Küchenmeister Napoleons, Bernard und Dupois,
und des Werkes Brillat-Savarins, die den Ruhm der
französischen Kochkunst in alle zivilisierten Länder
trugen, würdig erwies. Die Reichhaltigkeit der Spei-
senfolge, die Auswahl und Zubereitung der einzelnen Gerichte, die kostspieligsten und raffiniertesten
Zutaten, zu denen die auserlesensten Gewächse und
Erzeugnisse des In- und Auslandes beisteuern mussten, waren auch während der Regierung Ludwigs II.
der Stolz der bayrischen Hofküche. Und so wurde bei
den großen Hoftafeln an Trüffeln, echtem Schild-
krötenfleisch, Langusten, indischen Vogelnestern,
an Straßburger Gänseleber und ähnlichem nicht
gespart. Die berühmten Poularden von Châlons,
Roueneser Mastenten, Southdowner Hammelrü-
cken, Kurländer Rentierrücken, Pariser Langusten,
Whitestable-Austern, Wolga-Sterlets voll von Malo-
soll – all dies und noch manch andre Delikatessen
vom bernsteinfarbigen Calville und den saftigen
‚Doyenne'- bis zu den ‚Madame-Verte'-Birnen sorgten für den Tafelgenuss."

Selbstverständlich kümmerte sich Ludwig II. nicht
im Geringsten um die Schwierigkeiten, die er seiner
Dienerschaft zumutete. Die tief gebückte Haltung, mit
der man sich ihm zu nähern hatte, gehörte zum Zeremoniell. Einmal hat Hierneis die Weingläser mit den
Sorbetgläsern verwechselt, was sofort einen Tadel des
Königs zur Folge hatte. Es war ausgeschlossen, mündlich um Verzeihung zu bitten, weshalb Hierneis das
für solche Fälle parat liegende Formschreiben dem
Kammerdiener aushändigte: „Eurer Majestät wagt
der Alleruntertänigste allerehrfurchtsvollst die Bitte
um gütige Verzeihung zu Füßen zu legen."

Cosa Rara, das Lieblingspferd Ludwigs II., macht sich über die Speisen des Königs her. Ludwig amüsierte sich so sehr über die Szene, dass er sie von dem Pferdeporträtisten Wilhelm Pfeiffer malen ließ

Wenn Ludwig II. mit dem prunkvoll ausgestatteten Extrazug bei Nacht ins Oberland fuhr, war die Küche angehalten, das Diner während der Fahrt zu servieren. Solange der König speiste, musste der Zug langsamer fahren. Höchste Alarmstufe herrschte in der Küche, wenn Ludwig auf einer der Jagdhütten in den Bergen weilte. So rustikal das Ambiente auch sein mochte, auf ein feudales Menü wollte der König dennoch nicht verzichten. „So gab es auch unter den außergewöhnlichsten Umständen nach der Suppe eine Vorspeise, etwas Pastetchen, gratinierte Muscheln oder ähnliches, dann gekochtes Ochsenfleisch mit frischem Gemüse, ein Gang übrigens, den der König alltäglich wünschte, dann eine Zwischenspeise wie Lammkotelettes mit Kastanienpüree, Hühnerfrikassee, hernach Braten von Wild oder Geflügel nach der Jahreszeit, darauf etwa Dukatennudeln mit Krebsbutter als warme Süßspeise, Rahmstrudel oder Savarin mit Früchten, dann Eis, Obst, Dessert und Mokka. Dazu wurde vor dem Braten das Getränk gereicht, Sorbet oder Waldmeisterbowle, Römischer Eispunsch oder was sonst gerade zum Menü passte."

Nachdem man Ludwig II. im Juni 1886 für geisteskrank erklärt und entmündigt hatte, wurde er nach Schloss Berg gebracht. Der Küchenjunge Hierneis gehörte ebenso wie Mundkoch Rottenhöfer zum Tross, der dem Monarchen an den Starnberger See folgte. „Ich sah", schreibt Hierneis, „zum ersten Mal die Gucklöcher in den Zimmertüren, bemerkte neu vergitterte Fenster, sah, dass man die Türklinken an der Zimmerseite abgenommen hatte".

Am Pfingstsonntag, dem 13. Juni, wartet die Dienerschaft auf den König, der gegen Abend noch einen Spaziergang mit dem Psychiater Bernhard von Gudden unternommen hatte. Das Souper steht bereit, aber weil Ludwig ausbleibt, müssen die Köche das Menü warm halten. Mit der Zeit kommt Unruhe auf. Alles eilt in den Park, um den König zu suchen. Hierneis wird beauftragt, mit dem Fischer Lidl und anderen auf den See hinauszurudern. „Ungefähr 10 Minuten suchen wir die durch den Sturm aufgepeitschte Wasserfläche ab, da – plötzlich stößt Schlossverwalter Huber einen lauten Schrei aus, mit dem Finger auf etwas Weißes im Wasser deutend. Es ist der König! Ein Anblick, den ich bis heute in meinem 84. Jahr nicht vergessen kann. In Hemdsärmeln schwankt der leblose Körper Ludwigs II. im Wellengang hin und her, seine Füße stecken im Sand."

Wolfgang Görl

Speisezimmer im Schloss Neuschwanstein: Ludwig II. aß bevorzugt alleine, weshalb er nicht viel Platz brauchte. Mit einem handbetriebenen Aufzug wurden die Speisen von der drei Stockwerke tiefer liegenden Küche herauftransportiert. Ein Prunkstück ist der Tafelaufsatz, der Siegfrieds Kampf mit dem Drachen zeigt. Auf den Wandgemälden sind bekannte Minnesänger wie Wolfram von Eschenbach dargestellt

Pfau auf Brotsockel

Meisterkoch Eckart Witzigmann über seine Kollegen am Hofe Ludwigs II.

Eckart Witzigmann ist der erste Koch eines deutschen Restaurants, den der Guide Michelin mit drei Sternen ausgezeichnet hat. Witzigmann, der in München lebt, beschäftigt sich seit langem mit der Kochkunst früherer Jahrhunderte und besitzt eine große Bibliothek mit alten Kochbüchern.

SZ: *Herr Witzigmann, auf der Speisekarte für das Diner König Ludwigs II. am 28. August 1864 steht unter anderem: Kraftbrühe Orléans, Kapaune auf Finanzmannart, Lachs von der Elbe, Gebratene Rebhühner und Fasane. Käme das heute auch noch auf den Tisch?*

Witzigmann: Zunächst mal sollte man nicht vergessen, dass es einen immensen Kontrast zwischen Arm und Reich gegeben hat. An einem Königshof wie dem von Ludwig II. hat man natürlich richtig aus dem Vollen geschöpft. Der Prunk und der Aufwand von Kochkunst ist mit der jetzigen Zeit überhaupt nicht vergleichbar. Die Großmeister der Herrschaftshäuser hatten sehr hohes Ansehen und waren in der glücklichen Lage, hochwertige Produkte aus einer Natur zu haben, die noch nicht so gedemütigt war wie heute. Wildes Rebhuhn, wilder Fasan – wo findet man das noch?

SZ: *Was hat sich denn noch geändert seit der Zeit des königlich-bayerischen Mundkochs Johann Rottenhöfer?*

Witzigmann: Verglichen mit damals hat sich die neuzeitliche Küche gravierend geändert – sowohl hinsichtlich der Zubereitung als auch der Präsentation der Gerichte. Sie wurde entrümpelt von den übertriebenen Eigenheiten der lukullischen Prunkküche. Außerdem wurden die Produkte fast ausschließlich manuell bearbeitet. Es hat sich alles geändert von der Ausstattung bis hin zur Technik wie etwa die Kühlsysteme oder die Induktionsherde.

SZ: *Ludwigs Kücheneleve Hierneis berichtet auch über die exquisite Inszenierung des Mahls: „Auf silbernen Schüsseln wurden Brotsockel befestigt, auf deren Mitte der kunstvoll zerlegte, aber wieder zusammengesetzte Pfau seinen Platz hatte, während der Rand mit dem schillernden Kopf, dem Hals und dem leuchtenden Schwanz besteckt wurde."*

Witzigmann: An so einen Aufwand braucht man heute gar nicht erst zu denken. Das ist auch aus der Mode gekommen, man konzentriert sich jetzt mehr aufs Wesentliche, also die Speisen. Früher wurde vieles im Ganzen serviert. Man hatte eine ganz andere Tafelkultur, legte Wert auf Skulpturen, Verzierungen und aufwändige Dekorationen, zum Beispiel Bordüren, Ornamente, Silberspieße und vieles mehr. Es wurden wunderschöne Formen mit Gelee ausgegossen oder die Gänseleber herrlich fürs Auge hergerichtet. Dazu brauchte es eine wahnsinnige Fingerfertigkeit, da war einer einen halben Tag damit beschäftigt. Und vieles war gar nicht zum Essen gedacht. Heute muss eigentlich alles essbar sein.

SZ: *Wenn es eine Zeitmaschine gäbe: Würde es Sie reizen, in der Hofküche zu arbeiten?*

Witzigmann: Für eine gewisse Zeit würde ich das gerne machen. Inzwischen gibt es, wie gesagt, eine ganz andere Küchentechnik, vieles läuft elektronisch. Damals herrschte wegen des Herdes eine ungeheure Hitze in der Küche. Das ist heute besser. Die Hofköche haben großartige Leistungen vollbracht. Ich lasse mich oft von alten Rezepten inspirieren. Vor ihrem Können kann man sich nur mit Respekt verneigen.

SZ: *Auf die schlanke Linie hat man offenbar weniger geachtet …*

Witzigmann: Richtig. Die haben nicht auf Kalorien geschaut. Vor allem nicht die Frauen. Die waren nicht so gesundheits- und figurbedacht wie heutzutage.

Interview: Wolfgang Görl

Ansicht der Bayreuther Bahnhofsstraße während der Besetzung durch preußische Truppen am
28. Juli 1866 – festgehalten auf einer alten Schützenscheibe

Zeittafel

1864 König Ludwig II.

1864 Der König rettet den Komponisten Richard Wagner vor dem Ruin

1865 Uraufführung des „Tristan" in München; Ende des Jahres muss Wagner München verlassen; Gründung der Badischen Anilin- und Sodafabrik (BASF) in Ludwigshafen, vorbereitet noch durch Max II.

1866 Bayern tritt für eine zeitgemäße Reform des Deutschen Bundes unter Mitwirkung einer nationalen Vertretung ein und unterstützt deshalb die Präsidialmacht Österreich gegen das angreifende Preußen; nach der militärischen Niederlage muss es mit Preußen Frieden schließen und ein Schutz- und Trutzbündnis eingehen, durch das die bayerische Armee im Kriegsfall dem König von Preußen unterstellt wird

1867 Seit der Weltausstellung in Paris bayerischer Bierexport

1868 Gründung der 1877 „Technische Hochschule" genannten Anstalt, die die Polytechnika von München, Augsburg und Nürnberg zusammenfasste; Uraufführung der „Meistersinger"; Gründung der Kunstgewerbeschule und der Musikhochschule

1869 Gründung des Bayerischen Roten Kreuzes durch Königinmutter Marie; Kunstausstellung in München; Beginn der Schlossbauten des Königs; Gründung der Bayerischen Vereinsbank

1870 Nach einer Zusage des Kriegsministers von Pranckh an Bismarck erbittet der Ministerrat vom König Mobilmachungsbefehl; nach gemeinsamen Siegen (bei Weißenburg, an den Spicherer Höhen, Wörth und Sedan, dann Orleans) wird am 23. November in Versailles ein Verfassungsbündnis abgeschlossen, Ludwig II. schlägt Wilhelm I. von Preußen die Wiederherstellung der deutschen Kaiserwürde und eines Deutschen Reiches vor

1871 Kaiserproklamation am 18. Januar in Versailles; Bayern bleibt rechtlich souverän, seine Rechte und Vorrechte (eigene Armee, eigene Gesandte, eigene Justiz und Verwaltung, Post und Ei-senbahn, eigene Finanzen) sind durch Verfassungsartikel geschützt

1873 Gründung der Schuckertwerke in Nürnberg; seit 1873 malt Wilhelm Leibl in Oberbayern

1876 Festspielhaus Bayreuth durch den König in Anwesenheit Richard Wagners eröffnet

1877 Die Kabinettskasse des Königs gerät immer mehr in Unordnung; trotzdem wird mit dem Bau des Schlosses Herrenchiemsee (Bild) begonnen

1878-1910 Maler Franz Defregger Akademieprofessor in München

1879-1884 Maler Max Liebermann in München

1880 Sigmund von Riezler beginnt seine „Geschichte Baierns"; Ludwig Ganghofer „Der Herrgottsschnitzer von Ammergau"

1885 Der Maler Carl Spitzweg (Bild) stirbt; Prinz Luitpold und das Ministerium Crailsheim-Lutz treten mit Ludwig II. in die Auseinandersetzung über die zerrüttete Kabinettskasse ein

1886 Ludwig II. droht dem Innenminister Freiherrn von Feilitzsch, sich zu töten oder das Land zu verlassen, wenn es zu einem „Vergreifen am Königlichen Eigentum" käme; aufgrund eines ärztlichen Gutachtens wird der umnachtete König entmündigt; Prinz Luitpold übernimmt am 10. Juni die Regentschaft; Ludwig II. findet am 13. Juni mit dem Irrenarzt Dr. von Gudden im Starnberger See den Tod; Richard Strauss Dritter Kapellmeister in München, wo er mit Unterbrechung bis 1898 bleibt

1886 – 1891 Friedrich August von Kaulbach Direktor der Akademie der bildenden Künste

Mit Volldampf in die neue Zeit

Die Wittelsbacher reagierten zurückhaltend auf die Eisenbahn und favorisierten zunächst die Wasserstraßen. Ludwig II. feierte mit einer Zugfahrt nach Franken seinen größten innenpolitischen Erfolg

Die Franken waren unruhig geworden. Der verlorene Krieg an der Seite Österreichs gegen die Preußen, die daraus resultierenden 30 Millionen Gulden Kriegsentschädigung – all dies ließ im nördlichen Teil des Königreiches Bayern Unzufriedenheit aufkommen. Immer lauter dachten die Franken im Herbst 1866 darüber nach, ob sie nicht besser daran täten, wieder von den Wittelsbachern und dem Königreich Bayern abzufallen.

Der Nürnberger Marktvorsteher Georg Zacharias Platner (1779–1862) setzte sich für die Gründung einer Eisenbahngesellschaft ein

Da setzte Ludwig II. ein Signal. Am 10. November 1866 bestieg er am Münchner Ostbahnhof seinen Hofzug, den er erst im Jahr zuvor hatte prunkvoll ausstatten lassen. In dieser Art rollendem Schloss Neuschwanstein ließ sich der gerade mal 21-jährige Regent nach Weiden und Bayreuth fahren, nach Hof und Bamberg. Er lud zu pompösen Bällen und aufwändigen Zeremoniellen, bei denen er Kriegsveteranen Orden umhängte. Das alles verfehlte seine Wirkung nicht. Die Franken waren beeindruckt von der Ausstrahlungskraft des jungen, gut aussehenden Königs – und alle separatistischen Bestrebungen verliefen im Sande.

Historiker sprachen später von Ludwigs vielleicht größtem innenpolitischen Erfolg. Es sollte die einzige Besuchsreise des Märchenkönigs in den nördlichen Landesteilen bleiben; später zog er sich in seine oberbayerischen Schlösser zurück. Ludwig sei gerne Zug gefahren, heißt es. Überhaupt wurde bis zum Ende der Monarchie 1918 am Münchner Hauptbahnhof der königliche Zug ständig unter Dampf und damit jederzeit betriebsbereit gehalten.

Dabei hatten die Wittelsbacher reichlich zurückhaltend reagiert, als zu Beginn des 19. Jahrhunderts die Eisenbahn von England aus das von ihnen regierte Land erreichte. Joseph von Baader, ein hoher Beamter der bayerischen Berg- und Salinenverwaltung, hatte 1814 mit einer Streitschrift das Thema hierzulande gesetzt. Es beschäftigte fürderhin politische Zirkel und Beamtenschaft und wurde schließlich auch im Landtag debattiert. 1825 baute Baader gar für König Ludwig I. eine Versuchsbahn in den Nymphenburger Schlosspark. Doch der für Bayerns Frühindustrialisierung verantwortliche Monarch entschied sich strukturpolitisch dann doch anstatt für die Eisenbahn für den Ausbau der Wasserstraßen. Flüsse sollten schiff-

Die bayerische Schnellzuglok S 3/6
gilt als Krönung aller Konstruktionen
der Münchner Lokomotivfabrik
Maffei. Am 16. Juli 1908 verließ das
erste Exemplar das Werk. Viele
Eisenbahnkenner halten sie für die
schönste Lok, die je in Deutschland
gebaut wurde. Das Deutsche Museum
besitzt eine dieser Dampfloks der
Bayerischen Staatsbahn

Beginn einer neuen Ära der Mobilität: Unter großem Jubel der Zuschauer machte sich die „Adler"-Lokomotive am
7. Dezember 1835 vom Plärrer in Nürnberg aus auf den Weg in das sechs Kilometer entfernte Fürth

bar gemacht und Kanäle gebaut werden, über die Passagiere, vor allem aber Güter, transportiert werden sollten. Vom Bau des nach ihm benannten Main-Donau-Kanals zwischen Kelheim und Bamberg versprach sich Ludwig I. einen Exportweg für bayerische Waren ins Rheingebiet, vor allem aber ins südliche und östliche Europa. „Doch das Eisenbahnfeuer züngelte bereits", sagt Jürgen Franzke, Leiter des Museums der Deutschen Bahn in Nürnberg. „Es sollte wie ein Buschfeuer auf den Kontinent übergreifen."

In Nürnberg und Fürth verfolgten technikbegeisterte Privatleute der bürgerlichen Kaufmannsschicht diesbezüglich ganz konkrete Pläne. Vor allem der Nürnberger Marktvorsteher Georg Zacharias Platner und der Kaufmann Johannes Scharrer trieben die Gründung einer Eisenbahngesellschaft voran. Binnen kürzester Zeit hatten sie mehr als das nötige Kapital in Höhe von 175 000 Gulden zusammen, um eine Idee aus den zwanziger Jahren umzusetzen: Entlang der Chaussee zwischen den damals noch baulich getrennten Städten Nürnberg und Fürth sollte eine mit Dampfkraft angetriebene Eisenbahn entstehen. Ursprünglich ging diese Idee sogar auf Ludwig I. zurück; doch letztlich zeichnete das Königreich Bayern nur lächerliche zwei Aktien im Wert von insgesamt 200 Gulden, die dann auch noch mit mehreren Mahnungen eingetrieben werden mussten.

So mutet es kurios an, dass das vielköpfige Volk am frühen Morgen des 7. Dezember 1835 „Hoch lebe der König" rief, als der von der englischen Adler-Lok gezogene erste Eisenbahnzug auf deutschem Territorium über die sechs Kilometer lange Schienenstrecke zwischen beiden Städten dampfte. Wenigstens hatte Ludwig I. die königliche Konzession erteilt und die Bahn trug natürlich auch seinen Namen.

Diese erste Eisenbahnverbindung auf deutschem Boden geriet zur europäischen Sensation; Journalisten aus dem In- und Ausland reisten zur Berichterstattung an und in ihrem Schlepptau Politiker, Beamte, Ingenieure und Leute mit Geld. Was aber noch wichtiger war: Die Bahn fand tatsächlich ihre Passagiere. Fast eine halbe Million Menschen fuhren im ersten Jahr mit dem Adler-Zug und die 207 Aktionäre der lokalen Betreibergesellschaft konnten sich über satte 20 Prozent Dividende freuen. Die Eisenbahn war angekommen.

Der Erfolg und die Euphorie bei den Reichen ringsum ließen auch die Wittelsbacher umdenken. Im bayerischen Herrscherhaus wuchs die Angst, abgehängt zu werden und schnell erkannte man nun das ökonomische Potenzial, welches über die Schienen geweckt werden konnte. „Aus der reinen Innovationslust war eine wirtschaftliche Kraft geworden", sagt Franzke. Überall wurden plötzlich Strecken geplant und – vor allem gemessen an heutigen Verhältnissen – in rasender Geschwindigkeit gebaut. Am 1. September 1839 dampfte der erste Zug zwischen München und Augsburg. Bald sah man, dass es staatliche Strukturen

Bis heute ist die Eisenbahn ein Innovationsmotor in Bayern geblieben. Auf ICE-Hochgeschwindigkeitsstrassen rasen die Züge von einer Stadt zur anderen und binden vor allem die Ballungsräume München und Nürnberg eng aneinander. Zwischen Nürnberg und Fürth, wo 1835 alles begann, fährt jetzt eine U-Bahn

Eröffnung der Bayerischen Staatsbahn Nürnberg-Bamberg: In der geschmückten Halle des Bamberger Bahnhofes fand am 25. August 1844 der Festakt statt brauchte, um das Land tatsächlich mit der Schiene zu erschließen. 1844, noch während der Regentschaft Ludwigs I., wurde die Königlich Bayerische Eisenbahnen Gesellschaft gegründet. Am 1. Oktober desselben Jahres wurde die Strecke zwischen Nürnberg und Bamberg eröffnet, sechs Wochen später eine Schienenverbindung zwischen Augsburg und Donauwörth. 1854 entstanden die Verbindungen Aschaffenburg-Würzburg und München-Starnberg.

Das Kernstück bayerischer Verkehrspolitik war jedoch die zwischen 1844 und 1853 gebaute „Ludwigs-Süd-Nord-Bahn" von Lindau nach Hof mit ihren gut 550 Kilometern Länge. Sie fand ihre Fortsetzung über 165 Kilometer sächsisches Terrain hinweg nach Leipzig, wo der „Bayerische Bahnhof" einen Endpunkt markierte. So hatte es von der Adler-Fahrt in Nürnberg 1835 an nur wenige Jahre gebraucht, bis die Eisenbahn zur bayerischen Gemeinschaftsaufgabe geworden war. 1843 bewilligte der Landtag für den Streckenbau die Aufnahme von bis zu 50 Millionen Gulden Krediten.

„Der Eisenbahnbau war ein riesiges Konjunkturprogramm", schreibt der Würzburger Historiker Dirk Götschmann. Bis 1858 wurden nach seinen Angaben 102,6 Millionen Gulden investiert. „Wie Adern in einem menschlichen Körper" habe sich ein verästeltes Netz an Strecken in den folgenden Jahrzehnten herausgebildet, beschreibt es Museumschef Jürgen Franzke. Natürlich entstanden zunächst die Hauptstrecken, von denen die Seitenlinien abzweigen. 1860

kann der Münchner erstmals mit der „Kaiserin-Elisabeth-Bahn" über Salzburg bis nach Wien fahren. Tatsächlich aber war das Eisenbahnnetz nicht das Resultat bewusster Planung, sondern bestimmt von wirtschaftlichen, politischen und nicht zuletzt militärischen Überlegungen.

Wirtschaftlich hing sehr schnell sehr viel an der Bahn. „Es gab kaum einen Wirtschaftsbereich, der nicht vom Bahnbau profitiert hätte", so Historiker Götschmann. „Schon in ihrer Entstehungsphase stellte die Eisenbahn die treibende Kraft der Industrialisierung Bayerns dar." Das Land veränderte sich. Trassen wurden aufgeschüttet, über Täler wurden riesige Brücken geführt, in die Berge wurden Tunnels hineingegraben. Schienen mussten gebaut werden, Wagen und Lokomotiven. In einschlägigen Fabriken entstanden zigtausende Arbeitsplätze. War der „Adler" noch ein englisches Importprodukt, welches ein Nürnberger Handwerksmeister aus den einzeln gelieferten Teilen zusammenschraubte, baute bereits 1841 in München Joseph Anton von Maffei die erste bayerische Lokomotive. Mit bis zu 32 Stundenkilometern zog „Der Münchner" fürderhin Züge zwischen Augsburg und München. In Nürnberg bauten für MAN bis zu 8000 Menschen Waggons. Der Streckenbau selbst war Handarbeit und entsprechend waren Unmengen von Arbeitern im ganzen Land mit dem Verlegen der Gleise beschäftigt, dem Bau von Bahnhöfen, Brücken, Tunnels oder der Errichtung von Signaltechnik. Entlang der Trassen wurden Telegrafen- und Telefonleitungen verlegt, zunächst nur, um die Bahnhöfe miteinander zu verbinden und einen geregelten Zugverkehr zu ermöglichen.

Bald jedoch zweigten immer mehr Kommunikationsdrähte auch in die Städte und Regionen ab, durch welche die Eisenbahn führte. Wenn auch nicht mehr in diesem Maße, so ist die Eisenbahn doch bis heute ein Innovationsmotor in Bayern geblieben. Gerade erst wurde nach Jahren der Bau der ICE-Hochgeschwindigkeitstrasse zwischen Nürnberg und Ingolstadt vollendet. Ab Juni 2006 rasen auf ihr Züge mit 300 Stundenkilometern. Mit dem Ausbau der bestehenden Verbindung im weiteren Verlauf bis München werden die zwei größten und wichtigsten Ballungsräume im Freistaat schneller und damit enger verbunden. Zwischen Nürnberg und Fürth übrigens, wo einstmals mit dem „Adler" alles begann, fährt heute eine U-Bahn. Die historische Strecke hat es selbst nie über eine Lokalverbindung hinausgebracht.

Uwe Ritzer

So sah der Münchner Hauptbahnhof 1854 aus. 15 Jahre vorher war er als provisorische Station errichtet worden

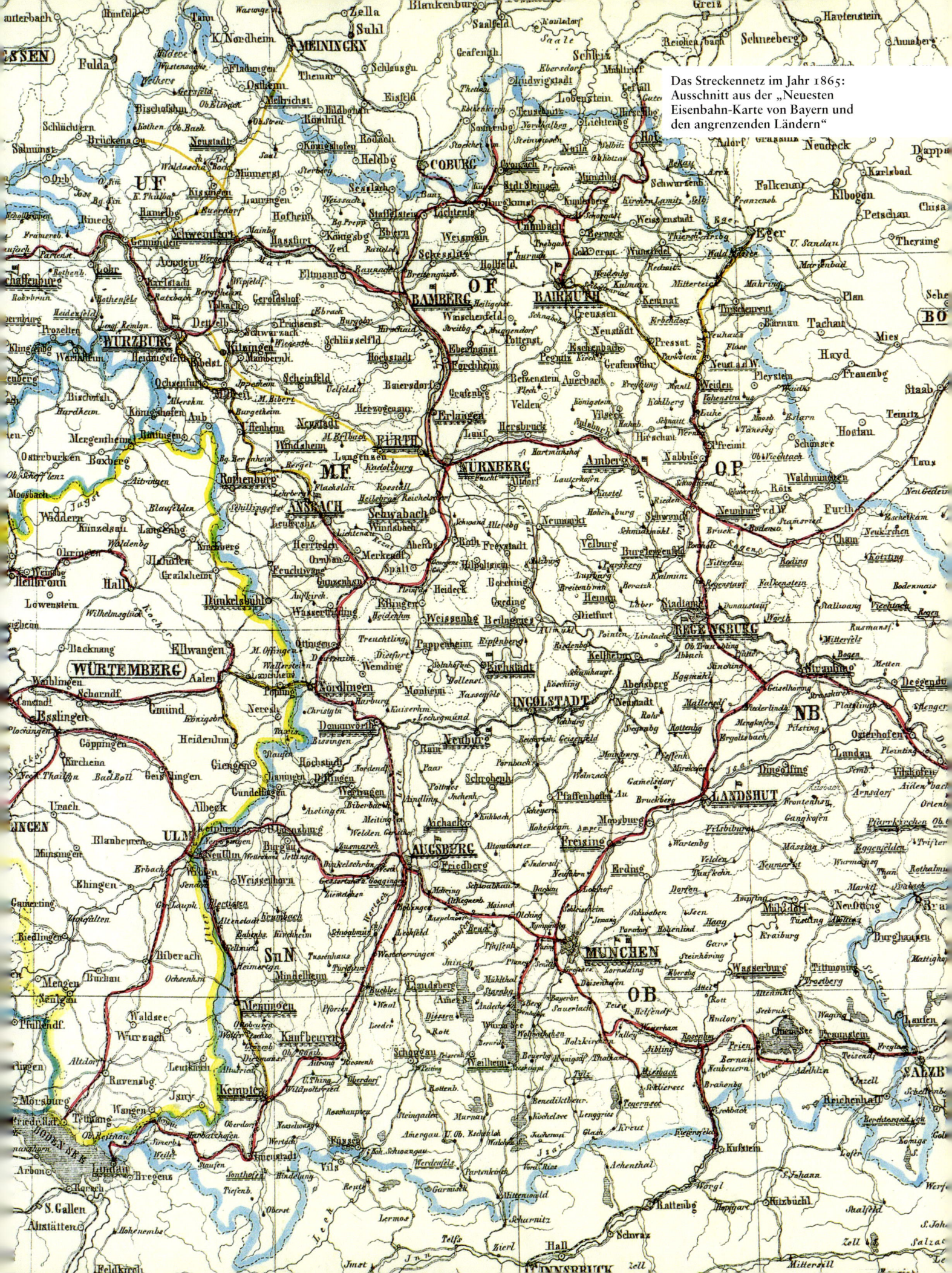

Das Streckennetz im Jahr 1865: Ausschnitt aus der „Neuesten Eisenbahn-Karte von Bayern und den angrenzenden Ländern"

Als Waidmann und als Bergsteiger fühlte er sich am wohlsten. Politisch ließ der Prinzregent aber vieles treiben. Wegen seiner Gutmütigkeit und seiner Nachgiebigkeit gegenüber Berlin wurde er oft Zielscheibe der Satire

Regent in der rauen Joppe

Mit Disziplin und Geduld gewann er die Anerkennung,
die ihm nach dem mysteriösen Tod Ludwigs II. zunächst verwehrt war.
Luitpold steht aber auch für die Versteinerung des Königreichs

Als am 12. Dezember 1912 Prinzregent Luitpold das Zeitliche segnete, war die Trauer in Stadt und Land groß. Über ein Vierteljahrhundert hatte der 1821 – also im Todesjahr Napoleons I. – geborene dritte Sohn König Ludwigs I. in selbstloser Weise die Kronrechte des Hauses Wittelsbach gewahrt. Als Regent, oder wie sein offizieller Titel lautete, als „des Königreiches Bayern Verweser" hatte Prinz Luitpold seit 1886 für die zwei in der Ausübung ihres hohen Amtes durch Geisteskrankheit verhinderten Neffen Ludwig II. und Otto I. den Monarchen-Stellvertreter abgegeben, ohne dabei auf die königlichen Ehrenrechte und finanziellen Ressourcen der Vertretenen zugreifen zu können. Den Trauernden am Katafalk des in der dunkel-strengen Ordenstracht der Hubertus-Ritter aufgebahrten Prinzregenten war klar, dass sich die seit den „Gründerjahren" nach 1870/71 andauernden Jahrzehnte des Friedens, des großbürgerlichen Wohlstandes und des nationalen Optimismus unausweichlich ihrem Ende entgegenneigten.

Die prahlerische politische Großmannssucht Kaiser Wilhelms II. ließ unruhige Zeiten vorausahnen. Auch die gegen den in Fürstenried internierten Otto gerichteten Thron- und Finanzansprüche von Luitpolds ältestem Sohn Ludwig (ab 1913 Ludwig III.) machten deutlich, dass der seit 1818 ungestörte Verfassungsfriede der bayerischen Monarchie zur Disposition stand. Der Todestag Luitpolds, der ominöse 12.12.12, wurde deshalb bereits von den Zeitgenossen als Epochenabschluss und als Wendepunkt der bayerischen und deutschen Geschichte verstanden.

So allgemein bedauert Luitpolds Hinscheiden war, so katastrophal war Luitpolds Einstand 1886 gewesen: Als nach der spektakulären Entthronung Ludwigs II. die Nachricht vom Tod des unglücklichen Kö-

nigs im Starnberger See in München eintraf, schlug die Volksstimmung in der Hauptstadt massiv gegen Luitpold um, den man als Mitwisser oder gar als Auftraggeber „geheimer Meuchelmörder" verdächtigte. Der Refrain eines damals weit verbreiteten Liedes umschrieb die unterstellte Machtgier Luitpolds wie folgt: „Und an Max hams vagift – und an Ludwig datränkt, jetzt steht's nimma lang o, da werd da Otto aufghängt".

So war 1886 der öffentliche Unmut auf eine Person gelenkt worden, deren bisheriges Leben keinen Anlass zu Kritik geboten hatte. Im Gegenteil: der nachgeborene Prinz Luitpold hatte innerhalb der Königsfamilie stets nachgeordnete Positionen mit Würde ausgefüllt, zunächst eine Militärkarriere durchlaufen, dann Reichsratsfunktionen übernommen und schließlich den menschenscheuen königlichen Neffen Ludwig II. bei offiziellen Anlässen vertreten. Die ihm bei der notwendig gewordenen Entthronung Ludwigs als ältestem männlichen Vertreter der Dynastie zugefallene Regentschaft fand nach Ludwigs Tod ihre natürliche Fortsetzung, da der neue König Otto, Ludwigs jüngerer Bruder, seinerseits schon entmündigt war.

Als 65-Jähriger, also in einem Alter, in dem sich andere zur Ruhe setzen, nahm der seit 1864 verwitwete Prinz die schwere Bürde der Reichsverwesung auf sich. Luitpold musste es sich vorrangig angelegen sein lassen, die durch die Königstragödie aufgewühlte Volksstimmung zu beruhigen. Vom Beginn seiner Regentschaft an übte er sich deshalb in Zurückhaltung, Geduld und Rücksicht. Dadurch erwarb sich Luitpold mit der Zeit zwar viele Sympathien, andererseits war aber nicht zu verhindern, dass progressive Kreise die Immobilität der Staatsführung und deren Impulslosigkeit konstatierten und mit der Vergreisung des Regenten auch die Versteinerung des Königreiches beklag-

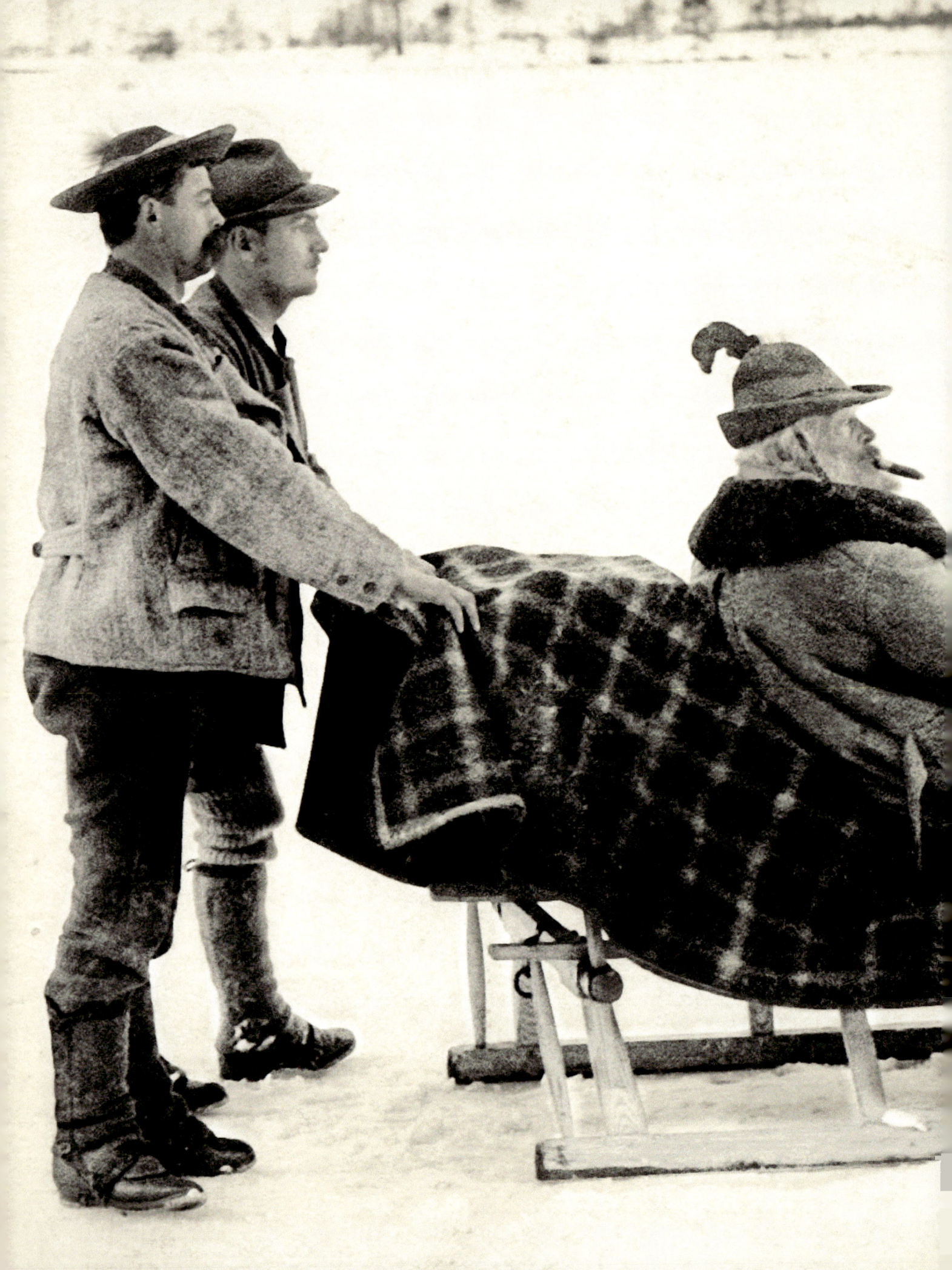

Während Ludwig II. von Pferden
gezogene Prunkschlitten bevorzugte,
begnügte sich der Prinzregent meistens
mit rustikaleren Fahrzeugen, wie
hier bei einem Ausflug im Winter 1911
(mit der unvermeidlichen Zigarre).
Mit 65 Jahren war Luitpold Regent
geworden, er war bis ins hohe Alter aktiv
und galt als besonders leutselig

ten. Der allgemeine Jubel beim 80. und beim 90. Geburtstag des Prinzregenten in den Jahren 1901 beziehungsweise 1911 galt nicht einer politischen Leitfigur, dafür aber dem noblen Patriarchen, dessen stilles Wirken die dem Hause Wittelsbach 1886 widerfahrenen Wunden mit der Zeit vernarben lassen. Das huldvolle Erscheinungsbild des Nestors unter den deutschen Bundesfürsten umstrahlte längst der Nimbus eines Friedensfürsten. Luitpolds ausgeprägter Sinn für die Realität meisterte sowohl die politischen wie auch die persönlichen Beziehungskrisen zu Kaiser Wilhelm II., und die Reichstreue Bayerns blieb trotz mancher Querelen unangefochten. Auch die bayerischen Kabinette unter der Regentschaft waren stets darauf bedacht, die relative Eigenständigkeit Bayerns zu betonen, ohne dabei aber grundsätzliche Auseinandersetzungen mit der Reichsregierung zu riskieren.

Freilich kann dieses Manövrieren der bayerischen Politik in den Jahren nach 1886 nicht darüber hinwegtäuschen, dass sich in den mittleren und unteren Bevölkerungsschichten eine von Jahr zu Jahr zunehmende Reichs- und Staatsverdrossenheit breit machte. Sie fand ihre Grundlage in der den unteren Gesellschaftsschichten verweigerten politischen Mitbestimmung und in der zunehmenden Unzufriedenheit über die von Bayern aus nicht gebremsten imperialistischen Zielsetzungen Berlins. Dass Luitpold auf diese gefährliche Entwicklung nicht angemessen reagierte, sondern die Dinge treiben ließ, gehört zur Negativbilanz seiner Regentschaft.

Der Prinzregent badete gerne, besonders liebte er das weiche Wasser der Würm. Und er ließ sich dabei sogar fotografieren

Ungünstig wirkte sich auch die vom Ministerium und der Hofbeamtenschaft durchgesetzte zunehmende Isolierung des greisen Regenten aus. Die schwache Klammer zeremonieller Auftritte (Fronleichnamsprozession, Gründonnerstag-Fußwaschung, Parlamentseröffnung usw.) war nicht geeignet, die unter Ludwig II. aufgerissene Kluft zwischen Dynastie und Bevölkerung zu schließen. Luitpolds zeitgenössisch viel gerühmtes Kunstprotektorat beschied sich auf ein gleichmäßig auf alle akademischen Richtungen und Schulen verteiltes Wohlwollen. Fern der Leidenschaftlichkeit seines königlichen Vaters Ludwig I. genügte dem Prinzregenten die öffentlichkeitswirksame Attitüde der Kunstförderung.

Luitpold war kein politischer, kein künstlerischer und schon gar kein gesellschaftlicher Protagonist, er war weder Staatsmann noch Hofmann noch Stadtmensch. Er wirkte eher wie ein Militär im Ruhestand, der sich den ihm auferlegten hohen Pflichten zunächst widerstrebend, aber dann doch mit eingeübter soldatischer Disziplin unterzog. Weder der Hermelin des Regenten noch die prunkvollen Zeremonialgewänder der bayerischen Hoforden, ja nicht einmal der federgeschmückte Generalshut konnten die wirkliche Persönlichkeit Luitpolds ausreichend zum Ausdruck bringen. Luitpolds wahres Wesen drückte sich vielmehr in der ledernen Kniehose, der rauen Joppe und dem abgegriffenen Jägerhut aus. Als Waidmann, als Bergsteiger, als Schütze fühlte er sich Zeit seines Lebens am wohlsten.

Der nicht wie ein hochadeliger Jagdherr, sondern eher wie ein alter Wilderer „jagernde" Regent wurde mit der Zeit zur Symbolfigur für die humane Handhabung der monarchischen Autorität in Bayern. Der Mangel an autokratischen Allüren war freilich vor dem Hintergrund des auf Reichsebene abartig inszenierten preußischen Wilhelminismus nicht ganz ungefährlich. Neben der Nachgiebigkeit gegenüber Berlin wurden auch die persönliche Liberalität und die notorische Gutmütigkeit des Regenten Quelle des öffentlichen Spotts und der scharfzüngigen Satire. So wuchs gerade in Bayern in weiten Kreisen die Überzeugung, dass das konstitutionell-monarchische Prinzip eigentlich substanzlos geworden sei, und die unbefriedigende politische und gesellschaftliche Ordnung problemlos durch jede andere ersetzt werden könne. Der erstaunlich schnelle, unspektakuläre Zusammenbruch der bayerischen Monarchie in den Revolutionstagen am Ende des Ersten Weltkriegs scheint diese Auffassung zu bestätigen. *Richard Bauer*

Vier Generationen der Königsfamilie im Jahr 1905. Von links: Kronprinz Rupprecht, sein Sohn Prinz Luitpold, der schon als 13-Jähriger verstarb, dann sein Vater Prinz Ludwig, der spätere König Ludwig III., sowie sein Großvater, Prinzregent Luitpold von Bayern

Zeittafel

1886 Prinzregent Luitpold

1888 Ankauffonds mit bescheidenen Staatsmitteln „zur Ergänzung der Kunstsammlungen" geschaffen

1890 Kultusminister Lutz, der sich dem neuen Kurs des Prinzregenten angepasst hatte, geht und stirbt; Bildhauer Hildebrand kommt nach München, 1890-1900 Maler Slevogt in München

1892 Die ersten Bauernvereine seit dem von der Regierung inspirierten landwirtschaftlichen Verein von 1810; Konservatorium in Akademie der Tonkunst umgewandelt

1893 Erste sozialdemokratische Abgeordnete (Grillenberger, Vollmar) im Landtag; Fritz von Uhde gründet die Münchener Sezession

1894 Wilhelm Konrad Röntgen (Bild) von der Universität Würzburg entdeckt die nach ihm benannten Strahlen

1895 Der Schulreformer Georg Kerschensteiner tritt als Stadtschulrat in die Dienste der Stadt München

1895-1905 Ernst v. Possart Generalintendant des Hoftheaters

1896 Prinz Ludwig stellt beim Empfang in der deutschen Vertretung anlässlich des Krönungsbanketts in Moskau richtig: „Wir sind keine Vasallen, keine Untertanen des deutschen Kaisers, sondern seine Verbündeten"; Albert Langen gründet den „Simplizissimus"

1897 Handwerker-Organisationsgesetz (Handwerkskammern)

1898 Bayerns Militärstrafensenat bleibt erhalten

1900-1902 Lenin in München

1901 Die Technische Hochschule erhält das Recht der Promotion und der Verleihung des Titels „Dipl.-Ing." für erfolgreichen Studienabschluss

1902/03 Das Zentrum stürzt Kultusminister v. Landmann wegen des Würzburger Professorenstreits, Crailsheim geht wegen Streichungen im Kultusetat durch das Zentrum. Der Kaiser bietet Ersatz an

1903 Frauenstudium an der Universität; Karl Muth gründet das „Hochland"

1904 Maler Franz von Lenbach, Schüler Pilotys, gestorben; Verkehrsministerium begründet

1905 Richard Strauss, „Salome"

1906 Modernes Wahlgesetz (allgemeines, gleiches, direktes und geheimes Wahlrecht); der Bauernverein des Realschullehrers Dr. Georg Heim hat 100 000 Mitglieder; Grundstein zum Deutschen Museum gelegt; Maler Franz Stuck geadelt

1907 Wassergesetz; Ludwig Thoma schreibt sein München-Buch

1908 Beamtengesetz; Pfälzer Eisenbahnen werden verstaatlicht; Bayerischer Wehrkraftverein

1909 Wassilij Kandinsky malt sein erstes abstraktes Bild; 232 000 Bauhilfsarbeiter bei den Freien Gewerkschaften

1910 Orientausstellung in München

1911 Kandinsky und Franz Marc gründen die Künstlervereinigung „Der blaue Reiter" (Bild: Das blaue Pferd, städt. Galerie im Lenbachhaus, München)

1912 Infolge des Konflikts zwischen Ministerium und Parteien schreibt der Prinzregent Neuwahlen aus; Ministerium Hertling; Lena Christ „Erinnerungen einer Überflüssigen"; Luitpold stirbt am 12. Dezember

Wählt

für München II:

Georg v. Vollmar

Georg von Vollmars
politische Ideen
fanden in München
großen Widerhall.
Hier ein Wahlplakat
aus dem Jahr 1912

„Für Theorien fehlt der Sinn"

Georg von Vollmar kannte seine Landsleute – er riet zu Pragmatismus
und war damit ein Vorbote des Godesberger Programms der SPD

Ist am Ende alles ganz anders, als wir immer dachten und sagten? Muss man die bayerische Sozialdemokratie, die ein festes Abonnement auf Wahlverluste besitzt und in der Bundespolitik immer wieder mal die spannende Frage aufwirft, wie man auf Dauer so erfolglos sein kann, letztendlich nicht als siegreiche politischeKraft sehen, die den sozialen Forderungskatalog ihrer Gründerzeit längst durchgesetzt hat? Die den Kampf um Bayerns Staatsform beherzt gegen die Monarchie gewonnen und auch den sozialdemokratischen Richtungsstreit um Klassenkampf oder Reformpolitik in ihrem Sinne entschieden hat, sodass sie – ruhmreich auf der ganzen Linie – die Mühsal der aktuellen Regierungsgeschäfte getrost anderen überlassen kann? Dies ist zumindest einmal ein origineller Ansatz, um die Rolle der Partei der Arbeiterbewegung im Königreich Bayern und in den zwei Jahrhunderten seit seiner Gründung zu reflektieren.

Das mit dem Forderungskatalog leuchtet noch am ehesten ein. In den Zeiten der Industrialisierung, die wir gerne nach Bayerns Regenten benennen und mit ihren Prachtstraßen und Kunstprojekten in Verbindung bringen, betrug die tägliche Arbeitszeit zwischen zwölf und 16 Stunden, war Kinderarbeit angesagt, konnten viele Mittellose nicht heiraten, gab es kaum Rechte für Beschäftigte, außer Almosen keine sozialen Leistungen. Die Arbeitervereine, die zunächst nach 1848 gegründet und verboten wurden und dann in den 60er Jahren wieder aus der Taufe gehoben wurden, forderten das allgemeine Wahlrecht, die Beseitigung aller Privilegien, die Trennung von Kirche und Staat, unentgeltlichen Unterricht und unabhängige Gerichte, Pressefreiheit und Normalarbeitstag, ein Verbot der Kinderarbeit und besseren Schutz der Frauenarbeit.

1864 entstand der erste bayerische Verein des Allgemeinen Deutschen Arbeitervereins in Augsburg, am 1. März 1869 wurde in der Münchner Schellingstraße eine Gruppe des ADAV gegründet, 1870 fand ein „Sozialdemokratischer Arbeiterkongress" in Augsburg statt, der sich bald darauf mit der Eisenacher Sozialdemokratischen Arbeiterpartei vereinte. Alle diese Ereignisse kann man – je nach lokalpatriotischer Neigung – als Geburtsstunde der weiß-blauen Sozialdemokratie feiern. Die 1878 von Bismarck eingeleitete Verfolgung der „gemeingefährlichen Bestrebungen der Sozialdemokratie" konnte den Aufstieg zur Massen-

Georg von Vollmar (1850-1922), SPD-Reformpolitiker.

133

bewegung aber nicht stoppen. Der Arbeiterführer Ignaz Auer, der sich 1886 in München niederließ, hatte erfolgreich für sein Konzept geworben: „Haltet fest an der Losung, die wir euch so oft zugerufen: An unserer Gesetzlichkeit müssen unsre Feinde zugrunde gehen."

Als die Münchner Neuesten Nachrichten in ihrer Ausgabe vom 8. November 1918 unter dem Druck revolutionärer Soldaten eine Proklamation des Arbeiter-, Soldaten- und Bauernrates unter Kurt Eisner auf der Titelseite veröffentlichen mussten, erfuhr die Bevölkerung erstmals, dass „Bayern fortan ein Freistaat" ist. Dies war der Durchbruch für eine Reihe von Forderungen aus dem Katalog der Gründungsphase der Arbeitervereine: Als Erstes wurde das Frauenwahlrecht eingeführt, dann das gleiche und direkte Wahlrecht bis zu den Gemeinden und die Meinungsfreiheit; die Zensur wurde abgeschafft, die Freiheit der Religionsausübung gewährleistet, im Jahre 1919 folgten der achtstündige Maximalarbeitstag, die Erweiterung der Versicherungspflicht und die Einführung von Betriebsräten.

Es gehört zu den Eigentümlichkeiten bayerischen Geschichtsverständnisses, dass die Einführung von Demokratie und Freiheitsrechten bei der folkloristischen Nabelschau so gut wie keine Rolle spielt. Der „Freistaat" stellt sich selbst ja oft so dar, als wäre er ein immerwährendes Geschenk des Hauses Wittelsbach an die CSU-Landesleitung – dabei ist er ein Produkt eines revolutionären Aktes, an dem Kurt Eisners „Unabhängige" mit heißem Herzen und die Mehrheitssozialdemokraten unter Erhard Auer (Ignaz war sein Onkel) nur widerwillig mitgewirkt hatten.

Mit der Revolution, die nahezu kampflos den Schlussstrich unter die Regentschaft der Wittelsbacher zog, war die Sozialdemokratie eigentlich als Sieger aus einer jahrzehntelangen Machtprobe hervorgegangen – aber kaum jemand nahm dies wahr, damals wie heute. Der Triumph fiel in einer Zeit kriegsbedingter Entbehrungen nicht üppig aus, und nach der Ermordung von Kurt Eisner entglitt die neue Ordnung ihren Vätern und wurde von Kommunisten verfälscht, bis sie von Freicorps zusammengeschossen, von einer auf dem rechten Auge blinden bayerischen Justiz verfolgt und in der „Ordnungszelle Bayern" geknechtet wurde.

Vor allem aber hat die Sozialdemokratie selbst dieses revolutionäre Erbe kaum gepflegt, weil Eisner doch nur für die aufsässigen „Unabhängigen" stand, die Mehrheit hingegen nicht richtig mit von der Partie war und überdies das Königshaus im Nachhinein immer volkstümlicher wurde, was es offenbar geraten erscheinen ließ, als „königlich-bayerische Sozialdemokratie" ein wenig mit von dieser Popularität zu zehren.

Am Anfang war dieses „königlich bayerisch" natürlich nicht als Kompliment für eine staatstragende Partei oder als Anlehnung ans Königsgeschlecht gemeint, sondern als schneidender Vorwurf im Theoriestreit einer verbal konsequent revolutionären Arbeiterpartei: Dieser Verräter des Proletariats macht sich gemein mit dem Herrscherhaus und den herrschenden Zuständen im Lande, beugt sein Knie vor dem Königsthron, statt Fürsten samt Kapitalisten zu verjagen, wie es die Theorie verlangt!

Adressat solcher Vorwürfe war zunächst Georg von Vollmar, eine der profiliertesten und fruchtbarsten Persönlichkeiten der bayerischen Geschichte. Wie kein Sozialist vor ihm und nach ihm konnte er in hiesigen Gastwirtschaften den Dorfgeistlichen übers Maul fahren, wenn sie wieder einmal über das gottlose rote Gesindel herzogen. Vollmar, der 1850 in kleinbürgerlichen Verhältnissen geboren wurde und außer klangvollen Namen und Titeln nichts erbte, war nämlich als katholischer Schwärmer Soldat der Schweizer Garde geworden und konnte jeden Geistlichen mit dröhnender Stimme fragen, wo der selbstgerecht moralisierende Herr Pfarrer denn gewesen sei, als es galt, dem Heiligen Vater in seiner Bedrängnis mit Waffenbrüderschaft zu Hilfe zu eilen?

Das muss gesessen haben, denn Ritter von Vollmar wurde im katholischen Bayern immer beliebter, auch wenn er den Sozialismus anfangs genauso schwärmerisch pflegte wie zuvor den Katholizismus, weshalb er sogar emigrieren und ins Gefängnis wandern musste. Aber dann löste er sich in seinen wegweisenden Eldorado-Reden, die nach ihrem Veranstaltungsort benannt wurden, von der orthodox-marxistischen Parteidoktrin und predigte den Genossen, es lieber mit Reform- und Realpolitik zu versuchen. Man müsse sich sozialdemokratischen Zielen nicht gewissermaßen „in der Ideallinie durch die Luft" annähern, sondern Schritt für Schritt auf dem Boden der Tatsachen.

Bebel tobte, und auch sein böses Wort, man wandle nicht ungestraft unter Bierkrügen, wurde als Reaktion auf Vollmars bayerisch-pragmatische Thesen verstanden. Der Erfurter Parteitag von 1891 wischte Vollmars neue Lehre vom Tisch. Aber in Bayern setzte sich seine Lehre durch: Industrie gebe es praktisch nur in den drei Ballungsräumen München, Nürnberg/Fürth und Augsburg, deshalb dürfe sich die weißblaue Sozialdemokratie nicht nur an das Industrieproletariat wenden, was in Preußen und Sachsen durch-

aus der richtige Weg sein könne, sondern mindestens genauso an Kleinbauern und Kleinbürgertum.

Doch nicht nur mit der Sozialstruktur Bayerns war Vollmar besser vertraut als das Dogmengebäude der damaligen SPD, sondern auch mit der bayerischen Mentalität. „Starrsinn, Steifnackigkeit, Genussfreudigkeit, mäßige Arbeitslust, keine Spur von Spekulation und Grübelei" bescheinigte er seinen Landsleuten. Und weiter: „Der Bildungstrieb ist gering, die Religion wirkt lediglich als Gewohnheit und Kunst, die Politik wird wesentlich mit dem Gefühl erfasst, für Theorien fehlt fast der Sinn!"

Mit seiner Abkehr von der marxistischen Heilslehre und dem verbalen Revoluzzertum war Vollmar ein Vorbote des Godesberger Programms, mit etwas Lokalpatriotismus ließe sich sogar sagen, er habe Gorbatschows Reformpolitik vorweggenommen. Nicht auszudenken, die bayerische SPD hätte seine Einsichten über bayerische Wesenszüge beherzigt. Die Frage nach ihrer chronischen Erfolglosigkeit würde heute nicht so oft gestellt.   *Christian Ude*

Almfest nach dem SPD-Parteitag in München am 21. September 1902. In der Mitte Georg von Vollmar, neben ihm, mit Schirmmütze, August Bebel (o.). Der Simplicissimus ließ Kurt Eisner im Dezember 1918 auf dem bayerischen Löwen reiten: „Ich mache München zur freiesten Stadt Deutschlands" (u.)

Untergang und Flucht

*Der letzte bayerische Regent scheiterte, weil die
Menschen kriegsmüde waren und den Glauben an den König verloren hatten.
Die konstitutionelle Monarchie war am Ende*

Ludwig, der älteste Sohn des Prinzregenten Luitpold, war mit fast 68 Jahren im Rentenalter, als er nach dem Tod seines 91-jährigen Vaters am 12. Dezember 1912 im Königreich Bayern die Regentschaft übernahm. Nur knapp sechs Jahre später, vier davon waren ganz vom Ersten Weltkrieg geprägt, floh der 1913 zum König proklamierte Ludwig III. vor der Revolution aus seiner Haupt- und Residenzstadt München, in die er erst nach seinem Tod im Jahr 1921 zurückkehren sollte. Ein Urteil über seine Persönlichkeit und sein politisches Wirken muss mehr in den Blick nehmen als die sechs kurzen Jahre seiner Regierung.

Bayern befand sich seit Jahrzehnten politisch, gesellschaftlich und wirtschaftlich im Wandel, vielleicht

Der spätere König Ludwig III. im Jahr 1860 als 15-Jähriger
in Jagdkleidung mit Gewehr

sogar im Umbruch. Verfassung, Parlament, Agrarstruktur, Privilegiengesellschaft, Technisierung, Militarisierung, die deutsche Frage: Eine Vielzahl von Baustellen, auf denen gearbeitet wurde. Besonderes Kennzeichen der Veränderungen und Reformen war dabei eine komplizierte Mischung traditioneller und modernisierender Elemente. Ludwig hatte als Prinz, Prinzregent und König nicht nur ein bemerkenswertes Verständnis für diese Wandlungen, die einen Epochenübergang bewirkten. Die Entwicklungen spiegeln sich geradezu in seiner politischen Biografie. Der Wandel war Teil seines Denkens und seiner Regierungspraxis. Doch hat er, fleißig, pragmatisch und pflichtbewusst, die Modernisierung mehr verwaltet als gestaltet. Vor allem aber konnte er kein Herrscher des Übergangs werden, weil die monarchische Herrschaft im Zuge dieses Übergangs selbst unterging. Ludwig III. von Bayern war der erste deutsche Monarch, der im November 1918 seinen Thron verlor.

Noch 1906 hatte der Führer der deutschen Sozialdemokratie, August Bebel, in einer Berliner Wahlversammlung und im Reichstag nach Ludwigs Einsatz für ein modernes demokratisches Wahlrecht in Bayern festgestellt: „Wenn wir eine Reichsverfassung hätten, nach der der Kaiser vom Volk gewählt würde und in der die Vorschrift enthalten wäre, der Kaiser müsste aus einem der regierenden Fürstenhäuser gewählt werden – ich gebe Ihnen mein Wort, Prinz Ludwig hätte die größte Aussicht, deutscher Kaiser zu werden. Ich glaube, meine Parteigenossen, so wenig sie monarchistisch gesinnt sind, stimmten einstimmig für ihn."

Politisches Interesse dokumentierten schon Ludwigs juristische, historische und vor allem nationalökonomische Studienschwerpunkte an der Münchener Universität, obgleich er als Neffe König Maximilians II. und Vetter König Ludwigs II. zu dieser

König Ludwig III. in der Tracht eines Georgiritters (1913). Der Georgiritterorden war 1496 begründet und im Frühjahr 1729 durch Kurfürst Karl Albrecht als wittelsbachischer Hausritterorden neu belebt worden. Der jeweils regierende König war gleichzeitig Oberhaupt und Großmeister des Ordens, der auch caritativ wirkte

Der Landwirtschaft gehörte das besondere Interesse Ludwigs III. Schloss Leutstetten bei Starnberg machte er zu einem Mustergut. 1912 gehörte immerhin noch knapp die Hälfte der bayerischen Bevölkerung dem Bauernstand an – ihm wollte Ludwig ein Vorbild sein. Die Stadtleute nannten ihn spöttisch den „Millibauern"

Olaf Gulbranssons Karikatur
„Kaisermanöver" von 1909:
„Seine Majestät erklären dem
Prinzen Ludwig von Bayern
die feindlichen Stellungen"

Zeit praktisch keine Aussicht auf den Thron hatte. Die Alternative einer Karriere als Offizier war für ihn, vielleicht wegen des sich im kritisch gesehenen Preußen militarisierenden Zeitgeistes, ohne Reiz. Und das nicht nur, weil er als Ordonnanzoffizier seines Vaters 1866 im Krieg gegen Preußen bei Helmstedt schwer verwundet worden war. Die preußische Kugel trug er ein Leben lang in seinem Bein.

In der ständisch geprägten Kammer der Reichsräte, der ersten Kammer des bayerischen Landtags, der er als königlicher Prinz vom 18. Lebensjahr an angehörte, setzte er sich intensiv mit der gesamtstaatlichen Entwicklung Deutschlands auseinander. Trotz erheblicher Bedenken wegen der Hegemonie Preußens und der Schwächung bayerischer Eigenstaatlichkeit, trotz einer großdeutschen und österreichfreundlichen Grundeinstellung, seit 1868 war er mit der Erzherzogin Marie Therese von Österreich-Este verheiratet, fand die Reichsgründung letztlich seine Zustimmung. Aufmerksam und sensibel sorgte er sich ein Leben lang um Deutschlands föderative Ordnung und die Stellung Bayerns im Reich. Im Wahlkreis München II kandidierte er bei der ersten Reichstagswahl 1871, wenn auch erfolglos, für die Patriotenpartei, die spätere Bayerische Zentrumspartei und distanzierte sich damit deutlich vom staatskirchlichen Kurs der offiziellen bayerischen Politik.

Sein aufgeschlossenes Verhältnis zum entstehenden Parteienstaat wurde durch die politische Nähe zum Zentrum, der Mehrheitskraft in der Kammer der Abgeordneten, der zweiten Kammer des Landtags, gefördert. Schon während der Regierungskrise 1903, die zur Entlassung des liberalen Ministerpräsidenten Crailsheim führte, vor allem aber im Jahr 1912 trat er pragmatisch für eine stärkere Parlamentarisierung des bayerischen Regierungssystems ein. Verfassungsrechtlich freilich hat er hierfür erst kurz vor dem Ende der Monarchie, sozusagen in letzter Sekunde und kurz vor der Revolution, den Weg frei gemacht.

Die Wahlrechtsreform von 1906, mit der Bayern das fortschrittliche Reichstagswahlrecht einführte und die zunächst vor allem den Interessen des Zentrums diente, wurde von Ludwig dadurch entscheidend vorangebracht, dass er die Kammer der Reichsräte von ihrer Notwendigkeit überzeugte.

Sein innen-, sozial- und kirchenpolitisches Engagement mit der Annäherung an die patriotisch-konservativ-konfessionelle Landtagsmehrheit wurde wesentlich von seinen starken Bindungen an die katholische Kirche bestimmt und getragen. Seine Distanz zum staatskonservativ-nationalliberalen und reichsfreundlichen Ministerium, das permanent gegen die Mehrheit in der Kammer der Abgeordneten regierte, bedeutete einen Paradigmenwechsel, der mit der Berufung Georg von Hertlings als einem der herausragendsten Vertreter der katholischen Gesellschafts- und Soziallehre zum Vorsitzenden im Ministerrat 1912 endgültig vollzogen wurde.

Persönlich interessierten ihn am meisten Fragen der Wirtschafts-, Verkehrs-, Agrar- und Energiepolitik sowie die Entwicklung der modernen Technik. Die Errichtung des Deutschen Museums, der Ankauf des Ausstellungsgeländes an der Theresienwiese durch die Stadt München, die Nutzung der Wasserkräfte, die Gründung des Bayerischen Kanalvereins zur Förderung des Rhein-Main-Donau-Kanals und besonders die Arbeit des Landwirtschaftlichen Vereins sind wichtige Handlungsfelder. Auch die praktische Landwirtschaft betrieb er hoch professionell. Aus dem 1875 erworbenen Leutstetten am Starnberger See, das er als Privatschloss nutzte, machte er ein Mustergut.

Diese Aktivitäten führten später zu öffentlicher Kritik, vor allem in der großstädtischen Bevölkerung, die ihn wenig liebevoll als „Millibauer" bezeichnete. Auch die in erster Linie von der Regierung Hertling betriebene Beendigung der Regentschaft durch eine Verfassungsänderung aus Gründen der monarchischen Staatsraison, der bundesstaatlichen Repräsentation Bayerns, aber auch wegen des finanziellen Bedarfs des Regenten wurde allgemein eher kritisch beurteilt. Am 5. November 1913 teilte Ludwig dem Landtag seine Proklamation zum König mit.

Geschnittene 5-Mark-Marke, die König Ludwig III. zeigt. Sie wurde von 1916 bis 1920 ausgegeben

Ludwig III.

Im Ersten Weltkrieg machte sich bei dem zwar routinemäßig zum Generalfeldmarschall aufgestiegenen bürgerlich-zivilen König mangelnder politisch-militärischer Sachverstand fast bis zu einem gewissen Realitätsverlust hin schmerzlich bemerkbar. Annexionsforderungen wie die Vergrößerung der bayerischen Pfalz um das Elsass oder wenigstens das Unterelsass mit Straßburg, der Wunsch nach einem deutschen Ausgang vom Rhein zum Meer, der Vorschlag eines Anschlusses Belgiens an Preußen korrespondierten mit einer unerschütterlich optimistischen Beurteilung der Kriegslage und einem fast grenzenlosen Vertrauen in die Oberste Heeresleitung. Die kritischen Warnungen seines Sohnes, des kriegserfahrenen und nüchternen Kronprinzen Rupprecht, ignorierte er hartnäckig.

In der Nacht vom 7. zum 8. November 1918 floh er aus München, zunächst in das 1914 geerbte Privatschloss Wildenwart am Chiemsee, dann nach Schloss Anif bei Salzburg. Von dort aus entband er am 13. November die Beamten, Offiziere und Soldaten vom persönlichen Treueid. Eine Abdankung formulierte er nicht.

Es war Ludwigs Schicksal, dass auf eine lange und aktive Vorbereitungszeit eine viel zu kurze Regierungszeit, mit einem den 70-jährigen König letztlich überfordernden Weltkrieg folgte. Ludwig III. war weder der Totengräber der Monarchie in Bayern noch deren erfolgloser Retter. Er ist einen zeitgemäßen Weg gegangen, aber wie alle anderen deutschen Monarchen, die zum Teil sehr unterschiedliche Wege eingeschlagen hatten, musste er scheitern, weil die Wege der konstitutionellen Monarchie überall in Deutschland endeten. Kriegsmüdigkeit und Friedenssehnsucht – allein Bayern hatte 200 000 tote Soldaten zu beklagen – führten zu einer radikalen Erosion der für Krieg und Kriegsverlauf verantwortlich gemachten Monarchie.

Ludwigs auch mit Hilfe von Kardinal Faulhaber monarchistisch aufgeladene Beisetzung in München 1921 war weniger eine späte Rache des Vertriebenen als vielmehr Ausdruck des schlechten Gewissens breiter Kreise der Bevölkerung, im November 1918 nichts zur Rettung der Monarchie getan zu haben.

Hermann Rumschöttel

In den Nibelungensälen der Münchner Residenz wurden auf Anregung von Königin Marie Therese gegen Ende des Ersten Weltkriegs Kriegsnähstuben eingerichtet. Damen der Gesellschaft fanden sich zum freiwilligen Arbeiten ein

Der Glaube an den gerechten Krieg

Warum der letzte König die Friedensinitiative des Kronprinzen Rupprecht strikt ablehnte

Vom Balkon des Wittelsbacher Palais in München verkündete König Ludwig III. seinem Volk am 31. Juli 1914 den Kriegszustand für Bayern. Der Oberbefehl über die mobilen bayerischen Truppen ging am nächsten Tag auf den deutschen Kaiser Wilhelm II. über. 417 000 Bayern zogen ins Feld, bis 1918 waren es insgesamt 1,4 Millionen. Der Blutzoll war hoch: Auf den Schlachtfeldern an allen Fronten fielen 200 000 bayerische Soldaten.

Die Schrecken eines Krieges waren dem König von Anfang an bewusst. Dies hatte jedoch keinen Einfluss auf seinen geradezu religiösen Glauben an die gerechte Sache und den deshalb nach seiner Überzeugung sicheren Endsieg. Hinzu kam eine fatale, je länger desto irrealer werdende Kriegszielpolitik. Bereits kurz nach Kriegsausbruch forderte er eine deutliche territoriale Vergrößerung Bayerns nach einem Friedensschluss. Es waren wirtschaftliche und politisch-föderalistische Motive, die ihn bis in den Sommer 1918 hinein hartnäckig an seinen Zielen festhalten ließen: Das Reichsland Elsass-Lothringen müsse an Bayern angeschlossen werden, vielleicht auch Belgien, wenn Preußen auf dem Elsass beharren würde. Außerdem müsse die Rheinmündung deutsch werden. Die Elsasspläne verprellten die anderen süddeutschen Staaten, insbesondere Württemberg, die annexionistische Kriegszielpolitik insgesamt wurde zu einem nationalen und internationalen Störfaktor. Aber der König blieb beratungsresistent, auch gegenüber seinem kriegserfahrenen ältesten Sohn Rupprecht.

Kronprinz Rupprecht, 1869 geboren, führte nach einer glänzenden militärischen Karriere 1914 die 6. Armee in Lothringen und Nordfrankreich, dann von 1916 bis 1918 als bayerischer und preußischer Generalfeldmarschall eine eigene, nach ihm benannte Heeresgruppe. Zunächst ebenfalls Verfechter eines Annexionsfriedens, setzte er sich seit dem Jahreswechsel 1915/1916 intensiv für die Beendigung des Krieges auf der Grundlage eines Verständigungsfriedens ein. Seine wirklichkeitsnahe Beurteilung der Kriegslage wich häufig von der der Obersten Heeresleitung ab, und auf vielen Wegen versuchte der vom Primat der Politik überzeugte Soldat, seine Überlegungen zum Tragen zu bringen.

Auch in dem regen Briefwechsel mit seinem Vater bemühte er sich, freilich ohne jeden Erfolg, diesen dazu zu bringen, eine entsprechende deutsche Friedensinitiative anzuregen und zu fördern. Aber der König blieb dabei: „Wir wollen keinen Frieden, der uns nicht eine bessere Stellung gibt als wir jetzt haben. Wir wünschen nur dann einen Frieden, wenn er uns für viele Jahre unsere Stellung in der Welt sichert." Kronprinz Rupprecht schrieb ihm am 9. Oktober 1916: „... ist es nicht möglich, die Russen durch weitestgehendes Entgegenkommen zum Frieden zu bewegen, sieht die Zukunft sehr trübe aus; denn ich glaube nicht, dass wir über den nächsten Sommer mit unseren Mitteln werden durchkommen können – was dann kommen mag, ist nicht auszudenken."

Hermann Rumschöttel

Kronprinz Rupprecht (1869–1955), ältester Sohn des letzten bayerischen Königspaares und Generalfeldmarschall im Ersten Weltkrieg. 1918 verlor er seinen Thronanspruch, 1939 ging er als Nazi-Gegner ins Exil nach Italien

Und plötzlich war Revolution

*Nach einer Friedensdemonstration auf der Münchner Theresienwiese
rief Kurt Eisner die Republik aus. Polizei- und Militärführung glaubten nicht mehr an
die alte staatliche Ordnung und verhielten sich passiv*

B ayern und Revolution – das klingt noch heute wie ein unvereinbarer Gegensatz. Schon im 19. Jahrhundert galten Bodenständigkeit, tief verwurzelte Religiosität und Obrigkeitsverbundenheit als Charaktereigenschaften des bayerischen Stammes. Dass der Bayer renitent sein konnte, galt als ausgemacht, revolutionäre Neigungen traute ihm jedoch niemand zu. Die dramatischen Ereignisse vom 7. November 1918, die dazu führten, dass die bayerische Monarchie früher als alle anderen deutschen Königshäuser zu Fall kam, schienen dieses Vorurteil allerdings zu widerlegen. Wenn es schon kurz darauf fröhliche Urstände feiern konnte, so hatte dies nicht zuletzt damit zu tun, dass man die Schuld am Umsturz kurzerhand den vielen „landfremden Elementen" in die Schuhe schob, die meinten, in Bayern ihr eigenes Süppchen kochen zu müssen.

Den willkommenen Anlass dafür bot die erstaunliche Tatsache, dass mit Kurt Eisner ausgerechnet ein Journalist aus Berlin, Mitglied der sozialdemokratischen Partei und dazu auch noch jüdischer Herkunft, den Aufstand angeführt hatte. Dass die Monarchie zusammengebrochen war wie ein morsches Kartenhaus, wurde demgegenüber nur zu gerne ignoriert. Dabei belegte schon der Ablauf der Ereignisse, dass die Revolution mehr war als ein Betriebsunfall.

Ausgangspunkt der Ereignisse war eine behördlich genehmigte Friedensdemonstration der Arbeiterschaft auf der Münchner Theresienwiese, zu der die beiden sozialdemokratischen Parteien und die Gewerkschaften eingeladen hatten. Ungewöhnlich daran war höchstens der Zeitpunkt. Noch befand sich das Deutsche Reich ja im Kriegszustand. Gleichwohl hielten sich die Sorgen der Öffentlichkeit in Grenzen. Auch Polizei und Militär rechneten nicht mit Unruhen, ob-

Kurt Eisner (1867–1919), Führer der USPD, rief nach einer Kundgebung auf der Theresienwiese am 7. November 1918 die Republik aus und stand als Ministerpräsident und Außenminister an der Spitze einer sozialistischen Mehrheitsregierung.
Das Foto links zeigt Soldaten der Garde-Ulanen, die ihre Kaserne den Mitgliedern des Arbeiter- und Soldatenrats übergeben

Die Friedensdemonstration auf der Münchner Theresienwiese am 7. November 1918, zu der die beiden sozialdemokratischen Parteien und die Gewerkschaften eingeladen hatten. Sie löste sich nach einem Zug zum Friedensengel ohne Zwischenfälle auf. Eisner und seine Anhänger von der USPD aber zogen zu den Kasernen, um die Soldaten zu „befreien". Der König verließ eilends die Stadt wohl im Vorfeld einzelne Warnhinweise eingegangen waren. Von Mehrheitssozialdemokraten und Gewerkschaften, die die große Masse der Kundgebungsteilnehmer stellten, wusste man nämlich, dass sie einen Umsturz ablehnten. König Ludwig III. sah daher keinen Grund, auf seinen gewohnten Nachmittagsspaziergang zu verzichten, und brach in Begleitung eines Polizeibeamten von der Residenz aus zu Fuß in den Englischen Garten auf.

Einen Unsicherheitsfaktor stellten allein die Unabhängigen Sozialdemokraten dar. Sie hatten sich im Krieg von der SPD abgespalten, um offen für die rasche Beendigung des Krieges eintreten zu können. Gemessen an der Zahl ihrer Anhänger war die Partei in München allerdings eine vernachlässigenswerte Größe. Kurt Eisner, ihr unumstrittener Anführer, wurde selbst von seinen ehemaligen Parteifreunden von der MSPD nicht ernst genommen. Dabei hatte er seine agitatorischen Fähigkeiten ein dreiviertel Jahr zuvor eindrucksvoll bewiesen. Ende Januar 1918 war es ihm und seinen Helfern gelungen, die Münchner Rüstungsarbeiter zu einer mehrtägigen Arbeitsniederlegung anzustacheln, um so die Beendigung des Krieges zu erzwingen. Der Streik konnte erst unter Kontrolle gebracht werden, nachdem die Rädelsführer des Ausstands festgenommen, in Untersuchungshaft gesteckt oder zum Militärdienst eingezogen worden waren.

Unter dem Eindruck des bevorstehenden Kriegsendes war Eisner allerdings schon Mitte Oktober wieder auf freien Fuß gesetzt worden, nachdem ihn die USPD als Kandidaten für die in München anstehenden Nachwahlen zum Deutschen Reichstag aufgestellt hatte. Dass sich die Mehrheits-Sozialdemokraten darauf einließen, mit den Unabhängigen eine gemeinsame Friedenskundgebung zu veranstalten, hatte vor allem damit zu tun, dass man Eisner den Wind aus den Segeln nehmen wollte. Auer erklärte offen, man werde Eisner bei der Kundgebung an die Wand drücken. Diese Strategie schien zunächst aufzugehen. Nachdem die zu Füßen der Bavaria postierten Redner geendet hatten, waren die Demonstranten quer durch die Stadt zum Friedensengel gezogen, wo die Veranstaltung ohne jeden Zwischenfall endete.

Der Masse der Teilnehmer war freilich entgangen, dass sich Eisner und seine Anhänger dem Zug nicht angeschlossen hatten. Weitgehend unbemerkt waren sie aufgebrochen, um die in den Kasernen festgehaltenen Soldaten zu „befreien". Militär- und Polizeiführung ließen daraufhin Ludwig III. auffordern, in die Residenz zurückzukehren, mit einem Erfolg der Unabhängigen rechneten sie aber immer noch nicht. Dies war ein folgenschwerer Irrtum. Eine Kaserne nach der anderen öffnete den Aufständischen ihre Tore. Und so gab es binnen weniger Stunden in München keine Streitkräfte mehr, die gegen die Unruhestifter hätten mobilisiert werden können.

Den Revolutionären gelang es vielmehr auch in der Innenstadt strategisch wichtige Einrichtungen wie den Hauptbahnhof und den bayerischen Landtag zu besetzen. Dort wurde umgehend die erste Sitzung des Provisorischen Nationalrats einberufen, dem gewählte Vertreter der zuvor konstituierten Arbeiter- und Soldatenräte sowie Landtagsvertreter der demokratischen Parteien angehörten. Per Akklamation wurde die neue, zuvor zwischen USPD und MSPD ausgehandelte Regierung eingesetzt. Ihr gehörten mit Heinrich von Frauendorfer und Edgar Jaffé einige Vertreter des liberalen Bürgertums an. Zum Ministerpräsidenten und Minister des Äußern wurde Kurt Eisner bestimmt. Erhard Auer von der MSPD wurde das wichtige Innenressort übertragen.

Mit dem Überraschungsmoment, das der Aktion Eisners innewohnte, ist sein Erfolg nur unzureichend zu erklären. Eisner hatte vielmehr erkannt, dass die umlaufenden Gerüchte über eine Verlegung der Münchner Truppen an die österreichische Grenze bei den Ersatzeinheiten den Eindruck erwecken mussten, Leben und Gesundheit für eine längst verlorene Sache riskieren zu müssen. Schon auf der Theresienwiese waren daher viele Militärangehörige, die gegen die Anordnungen ihre Unterkünfte verlassen hatten, im Umfeld Eisners aufgetaucht. Und die in den Kasernen verbliebenen Soldaten waren nicht mehr länger bereit, ihre Waffen gegen die eigenen Kameraden zu erheben. Hinzu kam die Passivität der Militär- und Polizeiführung, die nur so erklärt werden kann, dass die Verantwortlichen selbst nicht mehr restlos an die staatliche Ordnung glaubten, die sie zu verteidigen gehabt hätten.

Bei genauem Zusehen wird man daher Ursachen des Umsturzes schon in der Vorkriegszeit ausfindig machen. So hatten unter einer Reihe schwacher Herrscherpersönlichkeiten Beamtenschaft, Parlament und Parteien einen zunehmenden Einfluss auf die Geschicke des Landes gewonnen, ohne dass dies seinen Niederschlag in der Verfassung gefunden hätte. Auf eine Parlamentarisierung, wenn nicht Demokratisierung drängte auch die stetig anwachsende Arbeiterbewegung. Unter der 1912 eingesetzten konservativ ausgerichteten Regierung Hertling verschärften sich zudem die sozialen Gegensätze. Von heute aus betrachtet, erzeugte jedoch erst der Weltkrieg jene mentalen Verwerfungen, die schließlich in die Novemberrevolution des Jahres 1918 einmündeten.

Vier von zunehmender Versorgungsnot gekennzeichnete Kriegsjahre hatten die Bevölkerung zermürbt und die Autorität der staatlichen Instanzen untergraben. In Bayern hatte sich zudem der fatale Eindruck breit gemacht, vollständig von Berlin aus dominiert zu werden. Der zu hörende Vorwurf, die Lebensmittelzwangsbewirtschaftung gehe einseitig zu Lasten Bayerns, stieß daher ebenso auf offene Ohren wie die Behauptung, bayerische Soldaten würden von den preußischen Befehlshabern als Kanonenfutter missbraucht. Das Eingeständnis der Niederlage traf die Bevölkerung weitgehend unvorbereitet und lähmte die letzten Widerstandskräfte. Nun rächte es sich

auch, dass Ludwig III. im Laufe des Krieges weitreichende Kriegszielforderungen aufgestellt hatte. Für Oppositionelle wie Eisner war daher auch der König Teil des Systems, das für den Krieg verantwortlich war.

Verschärft wurde die Lage dadurch, dass der Krieg mit dem Eintritt der USA zunehmend zu einem Konflikt zwischen Monarchie und Demokratie stilisiert wurde. Der von Präsident Wilson aufgestellte 10-Punkte-Forderungskatalog wurde von der Öffentlichkeit dahingehend verstanden, dass nur die vorbehaltlose Demokratisierung von Staat und Gesellschaft erträgliche Friedensbedingungen garantieren würde. Dies erklärt, weshalb nicht nur die bayerische Monarchie stürzte, sondern binnen weniger Tage alle anderen deutschen Herrscherhäuser nachfolgten.

Bernhard Grau

Revolutionäre und jubelnde Soldaten vor dem Mathäserbräu in der Münchner Bayerstraße, dem Sitz des Arbeiter- und Soldatenrates

Der „Thronverzicht"

Eine Kompromiss-Erklärung erhielt die Ansprüche
auf die Krone formal aufrecht

In der Nacht vom 7. auf den 8. November 1918 war die Macht in Bayern faktisch auf die Revolutionsregierung übergegangen. Ludwig III. war aus München geflohen. Über Schloss Wildenwart am Chiemsee und das Jagdhaus am Hintersee in der Ramsau hatte er sich nach Österreich abgesetzt, um in Schloss Anif bei Salzburg Quartier zu beziehen. Seine Flucht brachte vor allem die Staatsbeamten, die ihren Eid auf den König abgelegt hatten, in eine missliche Lage. Wie sollten Sie sich gegenüber den Anordnungen der neuen Regierung verhalten?

An der Klärung dieser Frage hatte nicht nur die revolutionäre Regierung ein vitales Interesse. Dies erklärt die Bereitschaft Otto von Dandls – bis zum Umsturz Vorsitzender des Ministerrats –, den König im Salzburgischen aufzusuchen, um eine Thronverzichtserklärung von ihm zu erwirken. Möglicherweise legte er dem Monarchen dabei einen Entwurf vor, den Ministerpräsident Kurt Eisner am 10. November aufgesetzt hatte.

Er sah vor, dass Ludwig III. nicht nur für sich, sondern zugleich für alle Familienmitglieder des Hauses Wittelsbach dem Throne und allen dynastischen Ansprüchen entsagte. Dazu war der König jedoch nicht bereit. Die Erklärung, die Ludwig III. schließlich unterzeichnete, war ein Kompromiss, der es dem König formal erlaubte, die Ansprüche auf die Krone aufrecht zu erhalten. Da er jedoch eingestehen musste, nicht mehr in der Lage zu sein, die Regierung weiterzuführen, entband er am 13. November 1918 alle Beamten, Offiziere und Soldaten von dem Treueeid, den sie ihm geleistet hatten, und stellte ihnen die Weiterarbeit frei. Der Text seiner Erklärung wurde von Eisner im Wortlaut veröffentlicht, durch einen Zusatz jedoch in einen „Thronverzicht" uminterpretiert.

Das Original der von Ludwig III. unterschriebenen Kundgebung ist heute verschollen. In den Beständen des Bayerischen Hauptstaatsarchivs ist lediglich ein maschinenschriftlicher Abdruck mit den von Eisner

Dieses Dokument vom 13. November 1918 beinhaltet den Text Ludwigs III., mit dem er Beamte, Offiziere und Soldaten vom Treueeid entband, sowie Eisners stenografische Anmerkungen

verfassten Erläuterungen erhalten geblieben. Da von Seiten des Königshauses niemals Einwände gegen die Druckfassung geltend gemacht wurden, bestehen jedoch keine ernsthaften Zweifel an der Übereinstimmung von Urfassung und Abschrift. *Bernhard Grau*

Menschenauflauf am Tatort:
Vor dem Seiteneingang des Hotels
Bayerischer Hof in München
erschoss der Monarchist Graf
Ludwig von Arco-Valley am
21. Februar 1919 den bayerischen
Ministerpräsidenten Kurt Eisner.
Heute erinnert eine in den
Gehsteig eingelassene Gedenkplatte
an die Mordtat

Erste Zuflucht

Die Königsfamilie versteckte sich im Chiemgau
Heute wohnt Herzog Max in Bayern auf Schloss Wildenwart

Ein malerisches Schloss im Chiemgau, hoch über dem Tal der Prien. Von der Sonne ist noch lange nichts zu sehen, als an diesem Novembermorgen des Jahres 1918 plötzlich Hektik ausbricht. Zwei Automobile fahren dicht an das Tor heran, Insassen ohne Gepäck hasten durch das Eingangsportal, die Öfen des eiskalten Gebäudes werden angefeuert, beim Verwalter sucht man hektisch nach Nahrungsmitteln. Der bayerische König Ludwig III. ist mit seiner Familie überraschend in der Sommerresidenz Wildenwart erschienen. Es geht darum, sein eigenes Leben und das seiner Frau und der Kinder zu retten. In München hatte eine Revolutionsregierung die Macht übernommen. Schloss Wildenwart ist die erste Station auf der Flucht der Königsfamilie und gleichzeitig des Untergangs der bayerischen Monarchie – und wird zu einer neuen Heimat für die Wittelsbacher.

Der erste Aufenthalt nach dem Verlust der Macht dauert allerdings nur wenige Stunden. Ludwig III. und seine todkranke Frau Marie Therese fliehen sogleich weiter in das Berchtesgadener Land. Nur Tochter Helmtrud und einige Bedienstete begleiten sie, der

Schloss Wildenwart, im November 1918
Zufluchtsort des Königs

Rest der Familie versteckt sich im Chiemgau. Die Schwestern Hildegard, Gundelinde und Wiltrud etwa werden rasch in Bauernkleider gehüllt und vom Baumeister Klampfleitner bei seiner Schulfreundin Kathi Meier in Bernau versteckt.

Zehn Tage nach der Flucht aus München findet die Familie wieder zusammen – und zwar auf Schloss Wildenwart. Auf dem Land kann man sich nun sicher fühlen, der Kontakt mit den Einheimischen ist gut. „Am 23. Dezember hatte Mama die Bescherung der Schuljugend, am 24. nach Tisch die der Haus- und Ökonomieleute, dann die der Familienmitglieder ..., um 11 Uhr ging ich mit zwei Jungfern nach Frasdorf zur Mette", schreibt Prinzessin Wiltrud in ihrem Tagebuch. Einen guten Monat später stirbt ihre Mutter, die letzte bayerische Königin Marie Therese, in ihrem Salon auf Schloss Wildenwart. Sie wird in der hauseigenen Kapelle aufgebahrt, und die Tore werden trotz der Revolution in München für das Volk geöffnet. „Die Schulkinder machen großen Lärm auf der Brücke. Sie wollen die Königin sehen. Bäuerinnen kamen, sprengten Weihwasser ... Tränen wurden viele vergossen und stille Gebete gesprochen", schreibt wiederum Wiltrud über diese Stunden.

Lange Zeit zur Trauer bleibt Ludwig III. aber nicht. Nach der Ermordung Kurt Eisners im Februar 1919 fürchtet er erneut um sein Leben und flieht wieder aus Wildenwart, dieses Mal ist er länger als ein Jahr weg. Nach seiner Rückkehr hält Prinzessin Wiltrud in ihrem Tagebuch fest: „Wo sind die Zeiten hin ... wo ich tagsüber in glücklichen Träumen lebte? ... Und jetzt sehe ich nur grau vor mir, das Leben gab nicht, was es mir zu versprechen schien." Ihren Vater schildert sie als cholerisch und unzufrieden. „Manchmal ist der Zorn ein Ausbruch der Verzweiflung. Man hat Papa in ein Nulldasein hinabgestoßen – dieses Land, für dessen Wohl er gelebt."

Nachwuchs im Hause Wittelsbach: Stolz präsentieren die Großeltern Herzog Max in Bayern und seine Frau Elizabeth den jüngsten Spross der Familie namens Max – unter dem Kindheitsbild von König Max I. Joseph im „Blauen Salon" von Schloss Wildenwart

Am 18. Oktober 1921 stirbt Ludwig III. während eines Aufenthalts in Ungarn. Als sein Leichnam mit der Eisenbahn überführt wird, läuten entlang der ganzen Strecke in Bayern die Kirchenglocken. In Prien erwarten trotz des schlechten Wetters mehrere tausend Menschen den toten König. Mit den Fahnen der Vereinsabordnungen und der Musikkapelle an der Spitze zieht eine große Menge Volkes mit dem prächtigen Vierspänner, der den Sarg trägt, nach Wildenwart. Dort wird das letzte bayerische Königspaar gemeinsam in der Kapelle aufgebahrt.

Fünf Tage lang nehmen Familie und Trauernde aus dem Volk Abschied, bevor die Leichname wiederum mit einem großen Trauerzug zum Bahnhof und anschließend nach München gebracht wurden. Ihre Kinder Prinz Karl und Ludwigs Schwestern Hildegard und Helmtrud wohnen danach bis zu ihrem Tod weiter auf Schloss Wildenwart.

Doch mit dem Tod der letzten Prinzessin – Helmtrud stirbt 1977 – bleibt an dem Gebäude nicht der Hauch des Todes haften, sondern neues Leben zieht ein. Zwei Jahre lang bringen Handwerker Anfang der 80er Jahre das Schloss auf das gehobene Wohn-Niveau der Gegenwart, bevor Herzog Max in Bayern, zweiter Mann des Hauses Wittelsbach und Urenkel des letzten Königs Ludwig III., mit seiner Familie einzieht. Auch wenn es kein alter Familienbesitz ist, das im Barock zum letzten Mal umgebaute pittoreske Schloss liegt den Wittelsbachern am Herzen. „Was

hätten wir machen sollen? Verkaufen wollten wir es nicht, mein Urgroßvater Ludwig hat es so sehr geschätzt. Also haben wir es renoviert." Zumal es in den letzten Tagen der Monarchie eine wichtige Rolle gespielt hat. „Man begegnet Geschichte auf Schritt und Tritt. Hier haben sich hochdramatische und auch traumatische Momente in meiner Familie abgespielt." Wie seine Vorfahren findet sich Herzog Max auf dem ländlichen Gebiet gut zurecht. „Dem Volk eine eigene Identität gegeben zu haben, ist vielleicht eine der größten Leistungen meiner Familie", sagt er.

Seine im Vergleich zu den Vorfahren eher zurückgezogene Rolle schmerzt den 68-Jährigen nicht im Geringsten. „Das Leben in der Öffentlichkeit ist eine erhebliche Belastung." Er gibt aber zu, dass er im Kopf in einer ruhigen Stunde schon einmal die Frage „Was-wärewenn- keine-Revolution …?" durchspiele. Dann wäre Herzog Max hinter seinem Bruder Franz immerhin der erste Mann in der wittelsbachischen Thronfolge und hätte vor allem „mit der Komplexität des heutigen Lebens" zu kämpfen.

Aber wie er mit seiner Frau in einem Salon im zweiten Stock von Schloss Wildenwart sitzt, mit dem wenige Monate alten Enkelsohn Max auf dem Arm, macht er nicht den Eindruck, der großen Vergangenheit seiner Familie nachzutrauern. Fünf Töchter und acht Enkel werden dafür sorgen, dass Schloss Wildenwart ein geschichtliches und zugleich lebendiges Erbe der Wittelsbacher bleibt.

Heiner Effern

Hindenburg riet dringend ab

*Mehrmals gab es Pläne zur Wiedererrichtung der Monarchie in Bayern –
1933 als Bollwerk gegen die drohende Nazi-Diktatur*

Zunächst schien es, als wäre die Revolution von 1918 nur ein vorübergehendes Ereignis. Noch im Februar 1919 trugen die Theaterkarten den Aufdruck „Königliches Residenztheater München". Die bayerische Verfassung von 1919 zerstörte die Illusion von der kurzlebigen Republik. Die Vermögensfrage wurde 1922 im Wittelsbacher-Ausgleichsfonds gelöst. Der Chef des Hauses Wittelsbach und der bayerische Ministerpräsident bestimmten nun, welcher bayerische Prinz eine Apanage aus dem Fonds beziehen sollte. 1922 starb in seinem ungarischen Exil der letzte bayerische König, Ludwig III. Mit königlichem Prunk zog der Trauerzug

**Reichspräsident Paul von Hindenburg (1847–1934) hielt
nichts von der Wiedereinführung der Monarchie in Bayern**

durch München. Seinen Anspruch auf den Thron meldete Kronprinz Rupprecht mit dem Satz an: „Eingetreten in die Rechte meines Vaters." Das war es.

Sein Kabinettschef Josef Maria Graf Soden und sein politischer Berater Eugen Fürst Oettingen-Wallerstein sorgten allerdings dafür, dass der monarchische Gedanke in der Politik erhalten blieb. Im Heimat- und Königbund existierte eine monarchische Bewegung. Sie wurde anfangs von Erwein von Aretin geleitet, später, als Aretin Chef der Innenpolitik in den Münchner Neuesten Nachrichten wurde, war Enoch Freiherr von Guttenberg sein Nachfolger. Als in der Krise der Weimarer Republik mit dem kometenhaften Aufstieg der Nationalsozialisten die Gefahr einer Hitler-Diktatur heraufzog, erwog der Vorsitzende der Bayerischen Volkspartei, Fritz Schäffer, die Wiedererrichtung der Monarchie als Bollwerk gegen die drohende Diktatur. An der Jahreswende 1932/33 war auch der bayerische Ministerpräsident Heinrich Held, ja sogar ein Teil der bayerischen SPD für die Idee einer bayerischen Monarchie gewonnen.

Einen Tag nach Hitlers Ernennung zum Reichskanzler fuhr Oettingen mit einem Brief des Kronprinzen zum Reichspräsidenten von Hindenburg, um ihn über die monarchischen Pläne in Bayern zu informieren. Hindenburg riet dringend davon ab. Am 21. Februar 1933 wurde die Errichtung der Monarchie im bayerischen Kabinett erörtert. Das Risiko schien Held zu groß. Die Übernahme der Macht durch die Nationalsozialisten und die Einsetzung des Generals Ritter von Epp zum Reichsstatthalter am 9. März 1933 wurde mit der Gefahr eines Monarchistenputsches begründet. Dieser hatte noch ein Nachspiel: Zu dem verhafteten Aretin kam Ende Mai 1933 der Vorsitzende der bayerischen SPD, Erhard Auer, in die Zelle. Auf dessen Frage „Wie hätten jetzt eigentlich Sie die Monarchie machen wollen?", verwies Aretin auf den Artikel 64 der bayerischen Verfassung, was Auer zu dem Eingeständnis brachte: „Genauso wollten wir es auch machen."

Schnappschuss auf der Feier des 85. Geburtstags von Kronprinz Rupprecht (rechts) am 9. Mai 1954 in Leutstetten: Prinz Franz von Bayern, der spätere Herzog Franz von Bayern, genehmigt sich zu Ehren des Jubilars ein Stamperl Enzian-Schnaps

1934 bildete sich unter Josef Zott und Adolf Freiherr von Harnier eine monarchistische Widerstandsbewegung. Es gelang der Gestapo, einen Spitzel einzuschleusen. Anfang August 1939 löste sie die Gruppe auf. Zott wurde zum Tode, Harnier zu zehn Jahren Zuchthaus verurteilt. In den monatlichen Berichten der Regierungspräsidenten gab es bis 1945 eine Sparte „Monarchistische Umtriebe". Während des Dritten Reiches blieb es um den Kronprinzen still. Eine Reise zum 70. Geburtstag des italienischen Königs nach Rom benutzte die Regierung, um Rupprecht nichtmehr nach Deutschland hereinzulassen. Einer Verhaftung konnte sich der Kronprinz 1944 in Florenz entziehen. Seine Familie und die seines Sohnes, des Erbprinzen Albrecht, wurden verhaftet und erlebten die Schrecken mehrerer Konzentrationslager.

Mit Hilfe der Amerikaner kehrte Kronprinz Rupprecht im November 1945 nach Bayern zurück. Für seine Anregung, die Monarchie in Bayern zu errichten, hatten sie kein Verständnis, sie hielten sie für reaktionär. Die von Professor Lebsche gegründete Königspartei wurde von den Amerikanern verboten. Am 2. August 1955 starb Kronprinz Rupprecht. Ministerpräsident Wilhelm Hoegner (SPD) ordnete ein Staatsbegräbnis an. Von einer Abteilung der Bereitschaftspolizei geleitet, zog der Trauerzug von der Ludwigs- zur Theatinerkirche. Die ganze Breite der Ludwigstraße ausfüllend, folgten Gebirgsschützen.

Anders als sein Vater trat Herzog Albrecht in der Öffentlichkeit auf. Niemand dachte daran, die Monarchie wieder zu errichten. Aber wenn der Herzog zu einem Herrenabend einlud, versammelten sich die Repräsentanten des öffentlichen Lebens um ihn in Schloss Nymphenburg. Nach seinem Tod setzte sein Sohn, Herzog Franz, diese Tradition der Einladungen nach Nymphenburg fort. Nach Berchtesgaden lädt er Fachleute zum Gespräch über ein von ihm gewähltes Thema ein. Als Kenner und Sammler moderner Kunst ist er ein viel gefragter Berater deutscher und ausländischer Museen. Viele der in der Pinakothek der Moderne in München ausgestellten Kunstwerke stammen aus seiner Sammlung. Wie selbstverständlich ist die schlanke Gestalt des Herzogs bei vielen Veranstaltungen und Empfängen zu Gast. Das Haus Wittelsbach war die erste Dynastie, die nach dem Kriegsende 1918 stürzte. Sie ist aber auch die einzige Dynastie, deren Chef nun schon in der dritten Generation im öffentlichen Leben des Landes eine beachtliche und vornehme Stellung einnimmt. *Karl Otmar von Aretin*

„Man fühlt sich wie Schlachtvieh"

Prinzessin Irmingard teilte das Los vieler Wittelsbacher während der NS-Zeit: Sie gehörte zu den Geiseln, die sich Hitler hielt

Prinzessin Irmingard in glücklichen Tagen und 1946, immer noch gezeichnet von den Entbehrungen der Lagerhaft

Es wurde Januar 1940, ein sehr kalter Winter kam. Ich saß auf meinem Lieblingsplatz im Leuchtenberg-Palais, auf dem Fensterbrett über der Heizung, und sah hinunter auf den Odeonsplatz. Eine tiefe Traurigkeit erfasste mich. Ich spürte, ich würde nie mehr hier sein. Es war ein Abschied für immer." So beschrieb Prinzessin Irmingard später in einem Buch den Beginn ihres Martyriums.

Im Dezember 2005 sitzt Prinzessin Irmingard von Bayern in ihrem Salon im Leutstettener Schloss und blickt hinaus auf Moor und Wald und spricht über ihr persönliches Kapitel Wittelsbacher Geschichte, als sei es gestern geschehen. Der Tag vor den hohen Fenstern ist grau, die Stille tief. Prinzessin Irmingard, 82 Jahre alt, hoch gewachsen und nach wie vor eine beeindruckende Frau, spricht mit leiser, eindringlicher Stimme. Nichts hat sie vergessen von all dem Grauen der Kriegszeit.

Sie war 16, als sie München verließ. Mit der Mutter, Kronprinzessin Antonie, dem Bruder Heinrich

Die grauenvollen Erlebnisse im KZ verarbeitete Irmingard in Gemälden. Das hier abgebildete nannte sie „Zug der Häftlinge"

und den vier Schwestern folgte sie dem Vater in das nur scheinbar sichere Exil nach Italien. Kronprinz Rupprecht, Sohn des letzten bayerischen Königs Ludwig III., hatte den Nationalsozialismus von Anfang an abgelehnt. 1944 wurde er zum „größten Feind Deutschlands" erklärt – wegen angeblicher Spionage für die Engländer.

In ihrem Buch „Jugenderinnerungen" schreibt Irmingard: „Papa und Heinrich waren in Florenz untergetaucht, Mama und die Schwestern verhaftet und abtransportiert worden. Ich kam bei Freunden am Gardasee unter, aber ich schlief nicht mehr im Haus – die Gestapo konnte jeden Moment erscheinen." Die Prinzessin übernachtete im Freien, abwechselnd im Heuschober, im Olivengarten oder in einem Ruderboot. Wenn am Haus tagsüber ein weißes Tuch aus dem Fenster hing, durfte sie kommen.

Im September 1944 erkrankte sie an Typhus: Kopfweh, hohes Fieber, Schüttelfrost. Es wurde kälter, doch sie schlief weiter im Freien. „Das weiße Tuch hing heraus. Ich ging hinein, um mich aufzuwärmen." Kurz darauf fuhren zwei Gestapoleute vor. Irmingard

wurde verhaftet. Die Nazis brachten die Prinzessin nach Innsbruck in die Infektionsabteilung des Krankenhauses. Wochenlang lag sie in einer Art Koma. „Meine Mutter lag auch hier, mit Rippenfellentzündung, sie kam als Krankenschwester verkleidet zu mir – ein gefährliches Unternehmen wegen der vielen Spitzel. Aber ich bekam nichts von ihren Besuchen mit."

Es gab den Befehl von „ganz oben", die Wittelsbacher als Geiseln zu erhalten. Irmingard bekam eine Bluttransfusion und erholte sich langsam. Im Januar 1945 wurden die Frauen für gesund erklärt und in den Zug nach Berlin, zum KZ Oranienburg-Sachsenhausen, gesetzt. In Weimar trennte man Mutter und Tochter: „Wir hatten kaum Zeit, uns zu verabschieden. Ich fuhr allein weiter." Um drei Uhr in der Früh kam die damals 21-jährige in Berlin an. „Die Menschen auf dem Gang stießen mich herum und nannten mich dreckiger Polacke. Kein Wunder, ich war zaundünn, trug alte Hosen und versteckte meinen kahlen Kopf unter einer Baskenmütze."

Es folgten lange Verhöre und der Transport nach Oranienburg. Stacheldrahtzäune, Wachtürme, Scheinwerfer, Baracken und ein abgezäunter Teil, in dem die „Sonderhäftlinge" untergebracht waren – meist politische Personen, die besonders wertvolle Geiseln darstellten. Dort fand Prinzessin Irmingard ihre Familie wieder: den ältesten Bruder Albrecht mit Familie und ihre vier Schwestern. Als sich Irmingard am frühen Morgen mit ihren Bewachern dem Haus näherte, schrien die Schwestern vor Entsetzen auf. Sie dachten, sie würden zur Exekution abgeholt. Und sie weinten, als sie ihre ehemals so schöne Schwester, die nun wie ein KZ-Sträfling aussah, erkannten.

Ende Februar 1945, als die Russen immer näher kamen, wurden die Wittelsbacher nach Flossenbürg verlegt. Die Prinzessinnen sahen die Toten, die vor dem Krematorium aufgeschichtet wurden wie Holz, sie sahen Tag für Tag Kolonnen von halb verhungerten Menschen vorbeiwanken. Später verarbeitete Prinzessin Irmingard ihr Entsetzen in Bildern, die sie „Todesangst" benannte oder „Zug der Häftlinge".

Aber wie wurden die jungen Frauen damals mit dem täglichen Grauen fertig? „Man wird stur." Prinzessin Irmingard spricht ruhig, nur die Hände verknoten sich ineinander. „Man fühlt sich wie Schlachtvieh – irgendwann kommt man dran, kein Entrinnen. Aber wir bewahrten alle Haltung, unsere Schlächter sollten auf keinen Fall die Todesangst bemerken."

Am 8. April 1945 erneut ein Weitertransport, teils auf Lastwagen, meistens zu Fuß: nach Dachau, schließlich nach Ammerwald. Der Plan Hitlers, die Wittels-bacher auf den Obersalzberg zu bringen und dort hinrichten zu lassen, war gescheitert – aus Berlin kamen keine Befehle mehr durch. Aber noch einmal kehrte die Todesangst zurück: „Eines Abends kam eine Frau per Fahrrad. Sie wartete eine Gelegenheit ab und übergab einem von uns ein Päckchen und einen Zettel", schreibt Irmingard in ihren Erinnerungen. „Es war die nette Ärztin aus Dachau. Sie hatte ein Gerücht erfahren, dass wir alle vergiftet werden sollten. So war sie den langen Weg aus Dachau gekommen, um uns zu warnen und uns ein Gegenmittel für den Notfall zu bringen. Später stellte sich heraus, dass schon Strychnin für uns bereitlag."

Am 30. April 1945 wurden die Häftlinge befreit. Prinzessin Irmingard gelangte heim, nach Leutstetten. Die Türen waren verriegelt. „Wir klopften lange. Endlich öffnete sich ein Spalt, und da stand mein Vetter Ludwig, mit der Axt in der Hand, bereit, uns niederzuschlagen. Er hatte wieder einmal Plünderer erwartet."

Am 10. November 1945 kam Kronprinz Rupprecht nach Deutschland zurück, in einem von General Eisenhower zur Verfügung gestellten Sonderflugzeug. Seine Frau, eine geborene Luxemburgerin, wollte nie wieder deutschen Boden betreten, sie starb 1954 in der Schweiz. Prinzessin Irmingard heiratete 1950 ihren Vetter Ludwig, sie bekamen einen Sohn – Prinz Luitpold von Bayern, der in Kaltenberg lebt.

Elke Reichart

Prinzessin Irmingard und ihr Mann, Prinz Ludwig, in Leutstetten

1913 Prinzregent Ludwig (seit 1912) wird König Ludwig III.; 280 000 Eisenbahner bei den Christlichen Gewerkschaften

1914 Rundreise des Königs durch das Land; Paul Heyse, der seit der Zeit Max II. in München lebte, stirbt

1914-1918 Der 1. Weltkrieg; Kronprinz Rupprecht erringt mit der 6. Armee den ersten großen Sieg in Lothringen

1916 Max Reger stirbt; Franz Marc fällt

Heeresgruppe Kronprinz Rupprecht gebildet; er selbst wird bayerischer und preußischer Generalfeldmarschall; die bayerische Regierung setzt sich für das deutsche Friedensangebot ein

Die wirtschaftliche Kriegsnot macht sich vor allem in den Städten und im Bayerischen Wald bemerkbar

1917 Pfitzners „Palestrina" in München uraufgeführt

1918 Trotz der Bemühungen der Regierung um Steuerreform Streiks der Unabhängigen Sozialdemokratischen Partei Deutschlands (USPD) in München und Nürnberg

Militärische Rückschläge

König Ludwig III. wird am 7. November durch die Revolution Kurt Eisners, die der Mehrheitssozialist Erhard Auer vergeblich zu verhindern versucht, zur Abreise gezwungen; Kronprinz Rupprecht protestiert am 10. November, Ludwig III. entbindet vom Beamten- und Soldateneid, dankt aber nicht ab

Neue Regierung am 8. November: Eisner Ministerpräsident; Johannes Hoffmann, Pfälzer Volksschullehrer, Kultusminister; Erhard Auer Innenminister, Jaffé (USPD) Finanzminister; die Franzosen besetzen die Pfalz und Teile des Rheinlands

1919 Die Wahlen bringen der Bayerischen Volkspartei (BVP), der Nachfolgerin des Bayerischen Zentrums, 66 Mandate, der SPD 61, der Deutschen Demokratischen Volkspartei 25, dem Bauernbund 16, der USPD Eisners nur drei Mandate

Eisner wird durch den Kriegsheimkehrer Oberleutnant Graf Ludwig von Arco-Valley erschossen; Räterepublik; die Regierung des Mehrheitssozialisten Hoffmann flieht nach Bamberg und kehrt in das Anfang Mai durch Weiße Truppen befreite München zurück

1920 23. Februar Bayerische Staatseisenbahnen dem Reich übergeben; März: Koalitionsregierung aus BVP (Dr. Gustav von Kahr, Ministerpräsident, Dr. Matt, Kultusminister) und Deutscher Demokratischer Partei (Ernst Müller, Justizminister); NSDAP gegründet

1921 Ludwig III. stirbt im Exil in Ungarn

1922 Auf dem Katholikentag in München nennt Erzbischof Faulhaber (Bild) die Revolution „Meintat und Hochverrat"; Hitler beschuldigt die bisherigen Parteien der Unterstützung der Revolution; Hans Knappertsbusch Generalmusikdirektor in München

1923 Einmarsch der Franzosen in das Ruhrgebiet; Bauerntag in München fordert starke bayerische Staatsgewalt; steigende Inflation; die Reichsregierung verfünffacht die Biersteuer

Hitler misslingt der Versuch der Machtergreifung (Hitlerputsch) beim Aufmarsch zur Feldherrnhalle in München

15. November Rentenmark; eine Billion Mark ab 20. November = 1 Rentenmark (Abb.: Warteschlange vor der Freibank in München während der Inflation)

Das königliche Service
aus der Porzellan-Manufaktur
Nymphenburg wird noch
heute ausschließlich von Hand
gefertigt, bemalt und mit
24-karätigem Gold belegt

Makelloser Leumund, königliche Gesinnung

*In der Prinzregentenzeit durften 700 Gewerbetreibende den begehrten Titel
Hoflieferant führen – und noch heute werben Firmen damit*

Im Namen Seiner Majestät des Königs Seine Königliche Hoheit Prinz Luitpold des Königreichs Bayern Verweser … haben sich ‚Allerhöchstdieselben' geruht zu verfügen, den Titel eines Hoflieferanten an den Schuhmachermeister Eduard Meier in München für seine Person zu verleihen", heißt es in der Urkunde vom 7. März 1895. Marketing-Leute würden das heute als großes Reputationskapital bezeichnen. Schon damals ließ sich damit trefflich werben. Gegen Ende der Prinzregentenzeit um 1912 durften knapp 700 Gewerbetreibende den begehrten Titel führen, allein 300 waren in München ansässig. Daneben gab es noch den „eigentlichen Hoftitel", etwa den Hof–Pflastermeister, Hof-Elfenbeinschneider oder Hof-Zitherfabrikanten.

Wer Hoflieferant werden wollte, musste beim „Königlich Bayerischen Obersthofmeister Stab" ein Gesuch einreichen. Chancen hatten aber nur bayerische Staatsangehörige, die seit mindestens sechs Jahren ein Geschäft leiteten und das 30. Lebensjahr vollendet hatten. Sie mussten nachweisen, dass ihre „Vermögens-, Kredit- und Familienverhältnisse" einwandfrei, die „königstreue Gesinnung" unzweifelhaft und der Leumund makellos war. Das Geschäft hatte erstklassig zu sein. Handwerker mussten zur Führung des Meistertitels berechtigt sein. An Pächter, Angestellte und juristische Personen wie Aktiengesellschaften oder deren Vertreter wurde der Hoflieferantentitel grundsätzlich nicht verliehen.

Einmal im Jahr trat die Hoftitelkommission zusammen und begutachtete die Bewerber. Dann wurde das Gesuch Seiner Majestät vorgelegt. Bisweilen ging die Initiative auch direkt vom Monarchen aus. So betrat eines Tages König Ludwig I. das Herrenmodengeschäft des Ludwig Hubert van Hees, das dieser 1840 in der vornehmen Brienner Straße eröffnet hatte. Of-

fenbar war der König sehr angetan, denn es dauerte nicht lange und van Hees war Königlich Bayerischer Hoflieferant. Diese Episode schildert Barbara Kosler im Begleitheft zur Ausstellung über Hoflieferanten vor drei Jahren.

Die bayerischen Könige sowie Prinzregent Luitpold verliehen den Titel des Königlich Bayerischen Hoflieferanten. Dieses Privileg gestattete seinen Trägern, das königliche Wappen im Firmenzeichen zu führen. Damit verbunden war auch der Ansporn, eine hohe Qualität der Erzeugnisse zu garantieren. „Zudem war der Einfallsreichtum gefragt und manches Produkt ist in dieser Zeit als neue Kreation entstanden", schreibt der derzeitige Chef des Hauses Wittelsbach, Herzog Franz von Bayern, im Vorwort einer Broschüre ehemaliger Münchner Hoflieferanten.

Eine neue Kreation war beispielsweise die Prinzregententorte, „die der Konditormeister Erbshäuser anlässlich des 65. Geburtstags von meinem Vorfahren Prinzregent Luitpold im Jahre 1886 zum ersten Mal herstellte", schreibt Herzog Franz. Das Verleihungspatent mit dem eingefügten Namen des Antragstellers gewährte aber keine Ansprüche auf Arbeiten für den Hof. Anders als bei den englischen Royals begründete der Titel auch kein Lieferverhältnis an den Hof. Man konnte also Hoflieferant sein, ohne Waren an den Hof zu liefern. Das Attribut erlosch mit Aufgabe des Geschäfts, bei grobem Fehlverhalten oder dem Tod des Inhabers. Es war nicht erblich.

Für die Verleihung des Titels war eine Gebühr zwischen 300 und 3000 Mark zu entrichten. Kleingewerbetreibende durften mit einer Ermäßigung bis auf 50 Mark rechnen, für Großbetriebe und ausländische Unternehmen konnte die Gebühr bis auf 15 000 Mark nach oben schnellen. Gültig wurde die Ernennung erst, wenn sie im „Gesetz- und Verordnungsblatt für das Königreich Bayern" abgedruckt wurde. Alljährlich veröffentlichte das „Münchner Jahrbuch" eine Liste sämtlicher Hoflieferanten.

Im Angebot war alles, was Adel und vermögendem Bürgertum das Leben angenehm machte. Dallmayr lieferte seine Delikatessen nicht nur an die Münchner Gesellschaft, sondern an 16 Höfe in Europa. Zur Weißwurst gab es Develey-Senf, die Damen nippten an einem Riemerschmid-Likör und die Herren griffen zu Zigarren von Zechbauer oder Bader. Ludwig II. gab bei Andreas Huber kostbare Prunkuhren in Auftrag, die Königinmutter Marie tätigte in dem Geschäft ihre Weihnachtseinkäufe.

Böhmler, Bernheimer, Ballin, Wamsler, Kadeder, Steigerwald und Waishaupt richteten die Schlösser und Herrschaftswohnungen ein. Ballin auch die Luxusliner, die über die Weltmeere dampften. Völkel stattete die Residenz und betuchte Münchner Haushalte mit modernen Bädern und Toiletten aus, nachdem der Hygieniker Max von Pettenkofer der Landeshauptstadt eine Kanalisation verpasst und das Wasserklosett propagiert hatte. Bei Rosner & Seidl gab es Weißwaren, Betten, Braut- und Babyausstattungen. Andreas Moradelli fertigte kunstvolle Hoftore und Türbeschläge für die Königsschlösser Neuschwanstein und Linderhof, Schmiedemeister Franz Xaver Meiller stellte in der 1850 gegründeten Hammerschmiede in der Au Werkzeuge für deren Bau her. 1907 erhielt er den Titel „Königlich bayerischer Hofwerkzeugfabrikant". Die Staats-

wagen und Prunkschlitten König Ludwigs II., die noch heute im Marstallmuseum von Schloss Nymphenburg zu bewundern sind, baute J.M. Mayer.

Großes Aufsehen bei den Hofdamen erregte Friseur Joseph Honsell mit einer neuen Methode des Haarkräuselns mittels Brennschere. Zu Honsells Kunden zählten der österreichische Kaiser Franz Joseph, Reichspräsident Friedrich Ebert, Ludwig Thoma und Rainer Maria Rilke. 1876 ernannte König Ludwig II. Ludwig Beck zum „Königlich bayerischen Hof-Posamentier". Joseph Radspieler lieferte dekorative und aufwändige Einrichtungen, darunter den Thronsessel und anderes Meublement für den Monarchen. Die Münchner Maler deckten ihren Bedarf an Farben, Leinwänden, Staffeleien und Pinseln bei „Schachinger" in der Josephspitalstraße. In der Liste der Hoflieferanten tauchte auch ein gewisser Barbarino & Kilip, Kolonial- und Materialwarenhandel, auf. „Das ist ein Verwandter", bestätigt Stefan Barbarino, Autor und Regisseur des ersten Füssener Ludwig-Musicals.

Der Erste Weltkrieg und die sich anschließende Weltwirtschaftskrise brachten so manchen Hoflieferanten in arge wirtschaftliche Schwierigkeiten. Und wie sieht es heute aus? „War es in vergangener Zeit das Ziel, die Gunst des Königs zu gewinnen, fertigen in unserer Zeit ein paar Dutzend Betriebe ihre Produkte für den anspruchsvollen Kunden von heute", erklärt Herzog Franz. Es gibt sie immer noch, die überwiegend im Familienbesitz befindlichen, ehemals königlich-bayerischen Hoflieferanten, und zwar so viele wie in

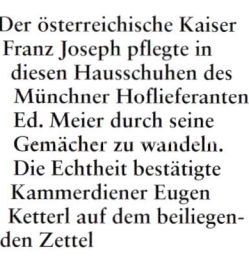

Der österreichische Kaiser Franz Joseph pflegte in diesen Hausschuhen des Münchner Hoflieferanten Ed. Meier durch seine Gemächer zu wandeln. Die Echtheit bestätigte Kammerdiener Eugen Ketterl auf dem beiliegenden Zettel

Die Hoflieferanten warben gerne mit dem königlichen Privilegium – ob sie Brot verkauften wie die Hofpfisterei oder Werkzeug und später Wagen mit Kippvorrichtung wie die Vorfahren der Fahrzeug- und Maschinenbaufirma Meiller. Das Wappen der Meillers (links) weist auf ihre Ursprünge hin: Sie waren Schmiede. Das untere Foto zeigt Franz Xaver Meiller sen. und jun. vor Porträtbildern ihrer Vorfahren

Auch im Manöver mochten die Offiziere nicht auf „Proviant" des Münchner Hoflieferanten Alois Dallmayr verzichten

keinem anderen Bundesland. Die Porzellanmanufaktur Nymphenburg besteht schon seit 250 Jahren. Wie anno dazumal fertigt sie im Nymphenburger Schlossrondell Porzellane in reiner Handarbeit.

Mit 50 bis 60 Firmen dürfte die bayerische Landeshauptstadt immer noch die meisten ehemaligen Hoflieferanten aufbieten. Unter www.koeniglich-bayerische-hoflieferanten.de sind im Internet jene Firmen aufgelistet, die sich noch zu dem Titel bekennen: Dallmayr, Andreas Huber, Bernheimer, Ed. Meier, die Hofpfisterei, Ludwig Beck, Maendler für Mode, Marstaller für Lederwaren, Münzinger für Sport und Freizeitbekleidung, Radspieler für Möbel und Stoffe, Neuner für Weine.

Ihre Geschäfte liegen überwiegend in den vornehmen Münchner Quartieren, dort, wo einst auch das Herz der Monarchie schlug: rund um die Residenz. Entweder residieren sie noch in den ursprünglichen Häusern, oder, wenn diese vom Krieg zerstört wur-

den, um die Ecke. Oder aber sie haben ihre Gründerhäuser verlassen und sind an den Stadtrand gezogen wie der Kipper-Produzent F.X. Meiller in Moosach. „Aus Tradition Innovation" lautet nach wie vor dessen Leitspruch. „Das leben wir", sagt Marketing-Chef Franz Xaver Meiller. Stahlbau und Hydraulik aus einer Hand unterscheide die Firma von ihren Mitbewerbern. Mit 1600 Beschäftigten und einem Umsatz von 220 Millionen Euro ist das in der fünften Generation geführte Familienunternehmen Marktführer in Deutschland, Österreich und Spanien. Die zündende Idee hatte der Ururgroßvater. Um die Jahrhundertwende hat er eine Winde in einen Anhänger eingebaut, mit der sich dessen Festaufbau hochkurbeln ließ. Fertig war der erste Kipper. Heute besorgt das die Hydraulik. „Wir werben bewusst mit dem Hoflieferanten-Titel, weil das die langjährige Erfahrung der Firma unterstreicht", sagt Meiller.

Einer, der versucht, in einer zunehmend uniformen Konsumwelt Einzigartigkeit hochzuhalten, ist Münchens erster Schuhhändler Eduard Meier. Mitte der 70er Jahre hat der jetzige Chef des Hauses in der Residenzstraße als Lehrbub die Hoflieferanten-Urkunde beim Vater aus dem Keller gezogen. „Das hat mich irgendwie beeinflusst." Auch Dallmayr bekennt sich dazu, Hoflieferant zu sein, das Sortiment spricht dafür. Manche Unternehmen finden das Attribut eher kontraproduktiv: Etwa ein alteingesessener Autohändler, für den „ehemals königlich" nicht zum Image seiner hochmodernen Karossen passt.

Die City-Partner, eine Gemeinschaft Münchner Innenstadt-Geschäftsleute, mühen sich indes, die Tradition des Hoflieferanten-Titels wieder hoffähig zu machen. All die Bulgaris, Douglas und italienischen Designer seien auch in Hamburg und Schanghai anzutreffen, sagt Eduard Meier. Für München typische Schaufenster machten dagegen im Einklang mit Architektur, Oper, Ballett, Theater, Konzertsälen und Museen das Flair der Stadt aus. Natürlich hat das Besondere seinen Preis. Bei Ed. Meier sind zwar Schuhe auch schon für 180 Euro zu haben, aber nach oben sind preislich keine Grenzen gesetzt.

Einer, der den Hoflieferanten-Titel ablehnte, weil er sich nichts aus Titeln machte und ohnehin den König auf Schloss Berg belieferte, war der Bäckermeister Maxl Graf, Vater des Schriftstellers Oskar Maria Graf. „Titel hatten seit jeher für ihn etwas Lächerliches gehabt", schreibt Graf. „Er schätzte den Menschen nach seiner Leistung ein. Nur sie erschien ihm als das rechte Maß seines Wertes." *Manfred Hummel*

Willkür und Enteignung

Das Schicksal jüdischer Hoflieferanten in der Zeit des Nationalsozialismus

Sie hießen Heinrich Cohen, Rosa Klauber, Otto, Ernst und Ludwig Bernheimer, Martin und Robert Ballin, um nur einige stellvertretend zu nennen. In dem Buch „München arisiert – Entrechtung und Enteignung der Juden in der NS-Zeit" von Angelika Baumann und Andreas Heusler werden ihre Schicksale geschildert. Als Hoflieferanten durften sie in ihrem Firmenlogo das königliche Wappen führen. Sie waren hoch angesehene Münchner Unternehmer. Bis die Nazis an die Macht kamen. Wie viele andere waren sie von der Weltwirtschaftskrise getroffen. Das Verbot der Nazis, bei Juden zu kaufen, verschärfte die Situation noch weiter. Sie verloren die deutsche Kundschaft. Außerdem wurden die Firmeninhaber mit willkürlichen Steuern belegt. Von dieser Schwächung profitierte die Konkurrenz am Platze. „Die nationalsozialistischen Maßnahmen zur ‚Entjudung der Wirtschaft' entfachten geradezu eine Goldgräberstimmung unter nichtjüdischen Geschäftsleuten bzw. solchen, die es noch werden wollten", schreibt Andreas Heusler vom Münchner Stadtarchiv in dem genannten Buch.

Die renommierte Hofmöbelfabrik Ballin musste 1937 aufgeben. Es gelang den Inhabern jedoch, ihr Unternehmen „vorteilhaft" an einen „arischen" Geschäftsmann zu verkaufen und 1942 zu emigrieren. Diese „Sonderkonditionen" hatten sie einem Zufall zu verdanken. Weil die Familie während des Hitlerputsches am 9. November 1923 den schwer verletzten Hermann Göring zufällig vor der Verhaftung bewahrte und Erste Hilfe leistete, revanchierte sich Göring mit Ausnahmeregelungen. Die beiden Brüder starben nach dem Krieg in Altersheimen, ohne je Rückerstattungsansprüche für ihre frühere Möbelhandlung und die Geschäftsgebäude geltend gemacht zu haben.

1889 eröffnete Bernheimer das von Friedrich Thiersch aufwändig gestaltete Palais am Lenbachplatz (heute Kokon). Er handelte mit hochwertigen Einrichtungsgegenständen und Antiquitäten, hatte 70 Mitarbeiter und erzielte 1936 einen Gesamtumsatz von 1,2 Millionen Reichsmark. Nach den Boykottaufrufen der Nazis sank der Umsatz auf 600 000 Reichsmark. Im November 1938 kamen die Söhne Otto Bernheimers in das KZ Dachau. Auch er selbst wurde von der Gestapo verhaftet. Die Familie durfte unter mehreren Bedingungen emigrieren, verlor aber weitgehend ihr Vermögen. Ihr Geschäft wurde nicht, wie üblich „arisiert" und aufgelöst, sondern, weil es Weltruf genoss und die Nazis daraus Kapital schlagen wollten, von der „Kameradschaft der Münchner Künstler" weitergeführt. Nach 1945 übernahm Otto Bernheimer wieder die Leitung der Firma, die später sein Sohn Ludwig übernahm. Kurz vor seinem Tod im Jahr 1960 erhielt Otto Bernheimer noch die Goldene Bürgermedaille der Stadt München. *Manfred Hummel*

Das Bernheimer-Palais, von Friedrich Thiersch aufwändig gestaltet, wurde 1889 eröffnet

Klug, schön, duldsam

*Caroline bot sogar Napoleon Paroli, Therese bewahrte Haltung trotz
der Eskapaden ihres Mannes, Marie ertrug das Drama um ihren Sohn Ludwig,
und Marie Therese schenkte ihrem König 13 Kinder*

Bayerns Königinnen stammten aus Nebenlinien führender Herrscherhäuser. Drei von ihnen waren evangelisch. Die Zeitgenossen schwärmten von ihrer Schönheit, Klugheit und Güte. Alle vier Königinnen waren eigenwillige Persönlichkeiten, jede bestimmte auf ihre Weise die Geschicke des Königreiches Bayern mit. Die erste Königin Bayerns wurde Markgräfin Caroline von Baden als Gemahlin von Max I. Joseph, gefolgt von Prinzessin Therese von Sachsen-Hildburghausen aus dem Hause Wettin, die mit dem späteren König Ludwig I. verheiratet wurde, dann folgte Prinzessin Marie von Preußen aus dem Hause Hohenzollern als Gemahlin von König Max II. Joseph und schließlich Erzherzogin Marie Therese von Österreich-Este und Prinzessin von Modena, eine Habsburgerin, Gemahlin von König Ludwig III. von Bayern.

Herzog Max Joseph, nachgeborener Prinz von Pfalz-Zweibrücken, einst leichtlebiger französischer Offizier des Ancien Regime, war vor den französischen Revolutionsheeren in das damals preußische Ansbach geflüchtet. Er war 39 Jahre alt, verwitwet und Vater von vier kleinen Kindern. Auch der markgräflich-badische Hof brachte sich in Ansbach in Sicherheit. So kam es, dass Herzog Max dort die 20-jährige bildschöne Caroline kennen lernte. Er verliebte sich heftig („j'en suis fou") in die Prinzessin, deren Mutter, Amalie Prinzessin von Hessen-Darmstadt, der zukünftige Schwiegersohn gut gefiel. Ihr Kommentar: „Der Herzog ist der beste Mensch von der Welt, angebetet von seiner ganzen Umgebung. Ich halte ihn für etwas schwach, aber für einen Ehemann ist das kein Fehler."

Max und Caroline wurden acht Kinder geboren. Der erste Sohn kam tot zur Welt, der zweite starb dreijährig. Die jüngste der sechs Prinzessinnen, Maximiliane Josepha Caroline, raffte der Tod im blühenden Alter von zehn Jahren hinweg. Ihr anrührendes Grabmal befindet sich in einer Seitenkapelle der Münchner Theatinerkirche. Zwei Töchter wurden Königinnen von Sachsen, eine Tochter Königin von Preußen und eine weitere Tochter die Kaisermutter in Wien.

Caroline war eine starke Persönlichkeit, die durchaus dem französischen Kaiser Napoleon Paroli bot. Sie war strikt gegen eine Verheiratung ihrer Stieftochter Auguste Amalie, die als die schönste Prinzessin ihrer Zeit galt, mit Napoleons Stiefsohn Eugène Beauharnais. In München gab es zudem einen weiteren Zusammenstoß zwischen Caroline und Napoleon. Der Kabinettsprediger Schmidt berichtet von einem heftigen Auftritt zwischen dem Kaiser und der Königin. Sie wollte ihm untersagen, sich in die badischen Angelegenheiten zu mischen. Caroline hoffte, an der Heirat ihres Bruders Karl Markgraf von Baden mit Napoleons Stieftochter Stephanie de Beauharnais noch etwas ändern zu können. Doch auch diese Ehe kam zustande, ein Sohn aus dieser Ehe ist der legendenumwobene Kaspar Hauser. Der Zusammenstoß zwischen der Königin und dem Kaiser in der Residenz soll lautstark gewesen sein. Napoleon schrie in einem Wutanfall: „Vergessen Sie nicht, Madame, dass das Schicksal Bayerns in meinen Händen liegt." Die Königin, ohne ein Wort zu erwidern, maß den Kaiser mit einem großen Blick, in welchem Stolz und Verachtung lag, und dieser verließ sie verwirrt und zählte von nun an die Königin und ihre Tante in Weimar zu den wenigen Frauen von Charakter und Kraft, die ihm imponierten.

Mit Napoleon traf das bayerische Königspaar in Venedig und Paris zusammen. Caroline bekam von ihm wunderschönes Sèvres-Porzellan und teure Gobelins geschenkt. Der Königin gelang es, die verstaubte Residenz in München elegant ausstatten zu lassen. Wunderschöne Familienbilder schuf Josef Stieler, der

Caroline von Baden,
Gemahlin von Max I. Joseph

Therese von Sachsen-Hildburghausen,
Gemahlin von Ludwig I.

zum Hofmaler ernannt wurde. König Max I. Joseph schenkte seiner geliebten Gemahlin das zauberhafte Schloss Tegernsee, das ihr, besonders in ihrer schweren Witwenzeit, zur Heimat wurde.

Die zweite bayerische Königin war Therese Prinzessin von Sachsen-Hildburghausen. Sie stand auf der Liste der Prinzessinnen, die sich Napoleon 1809 hatte zusammenstellen lassen, um als selbst ernannter Kaiser in ein altes europäisches Fürstenhaus einzuheiraten. Doch Kronprinz Ludwig hatte die liebliche Therese schneller zur Gemahlin erkoren. Am 12. Oktober 1810 fand die Trauung in der Hofkapelle der Residenz statt, fünf Tage später das Pferderennen auf der „Theresienwiese", aus dem das größte Bierfest der Welt hervorging. Therese war eine feinfühlige und treu ergebene Gemahlin eines äußerst schwierigen Ehemannes, dem eheliche Treue schwer fiel.

Therese litt auch unter dem Geiz ihres Mannes, der dagegen seine Mätressen königlich verwöhnte. Sie duldete viele Eskapaden ihres Gemahls, ihr Verhalten dabei brachte ihr Bewunderung ein. Als der König seine italienische Geliebte Marchesa Florenzi an den bayerischen Hof einlud, verließ sie demonstrativ München. In der Lola-Montez-Affäre zeigte die gedemütigte Königin eine bewundernswerte Haltung, erschien aber mit dem König in der Öffentlichkeit nur noch dann, wenn sie es wollte. Die Verleihung des Theresien-Ordens an die Mätresse lehnte sie strikt ab. Der verblendete König ärgerte sich über die „Kälte und Sprachlosigkeit" der Königin. Vielleicht sah sie voraus, dass die Privataffäre sich zur Staatsaffäre entwickeln würde.

Geschätzt hat der König Theresens politischen Verstand. Wann immer er fern von München war, informierte sie ihn über die Vorgänge am Hof und im Land. Es gibt im Geheimen Hausarchiv der Wittelsbacher noch Hunderte von Briefen der Königin an Ludwig I., die auf ihren politischen Inhalt ausgewertet werden müssten. Anweisungen des Königs versuchte Therese durch Gespräche mit den Ministern auszuführen. Das letzte gemeinsame Fest, das Therese voll Freude mit ihrem schon abgedankten königlichen Ehemann erleben durfte, war die Enthüllung der „Bavaria" auf der Theresienwiese.

Die Hohenzollern-Prinzessin Marie von Preußen nannte König Ludwig I. die einzige seiner Schwiegertöchter, die eine echte Bayerin geworden sei. Der 29-jährige Kronprinz Maximilian von Bayern erwählte die 16-jährige pietistisch erzogene Prinzessin Marie zu seiner Frau. „Max und Mariechen sind, dem Himmel sei Dank, das Bild des Glücks", erfuhr Otto von Grie-

chenland über die Hochzeit seines Bruders in der Allerheiligen Hofkirche. Die beiden Söhne, Erbprinz Ludwig und Prinz Otto, waren der Stolz ihrer Mutter Marie. Sie durften mit ihr zum Fischen gehen und sie bei ihren Bergtouren begleiten. Sie ließ sich entsprechende Lodenkleidung anfertigen und bestieg Berg um Berg, mit Ausnahme der Zugspitze. Das hatte ihr König Max nicht erlaubt. Neben Hohenschwangau hielt sie sich am liebsten in dem Gebirgsdorf Elbigenalp auf, wo sie ein Haus geschenkt bekommen hatte. Dort erfuhr die Königin-Mutter durch ein an die Obersthofmeisterin adressiertes Telegramm vom tragischen Tod ihres geliebten Sohnes Ludwig. Er hatte ihr an ihrem 60. Geburtstag im Oktober 1885 ganz allein das im Bau befindliche Schloss Neuschwanstein gezeigt.

Wie allen bayerischen Königinnen war für Marie Wohltätigkeit nicht nur Pflicht. Zusammen mit ihrem Mann kämpfte sie für die Einstellung der Kinderarbeit, was allerdings zu jener Zeit an dem „heiligsten Recht" der Eltern in der Verfügung über ihre Kinder scheiterte. Sie förderte die Entwicklung der „Inneren Mission" und übernahm das Protektorat für den Verein des Dr. Haunerschen Kinderspitals. Marie ist Gründerin des bayerischen Frauenvereins vom Roten Kreuz.

Die letzte bayerische Königin war Marie Therese, Erzherzogin von Österreich-Este, die in Ungarn und Wien aufgewachsen war. Bei einer Leichenfeier in Wien lernte die 19-jährige Prinzessin den 22-jährigen bayerischen Prinzen Ludwig, den späteren König Ludwig III., kennen. Es war Liebe auf den ersten Blick. Am 20. Februar 1868 fand die glanzvolle Vermählung in der Wiener Hofburg in Anwesenheit des österreichischen Kaisers Franz Joseph statt. Als endgültiger Wohnsitz wurde für das junge Paar Schloss Leutstetten am Starnberger See bestimmt. 13 königliche Kinder kamen zur Welt. Das Leben mit den Kindern bestimmte den Alltag der Prinzessin. Prinz Ludwig wurde wegen seines mustergültigen landwirtschaftlichen Gutes der „Millibauer" genannt, seine Gemahlin das „Dopfenresel".

Mit 64 Jahren wurde Marie Therese Königin von Bayern. Ihre neuen Aufgaben hießen Repräsentieren, Reisen und die Übernahme von Protektoraten. Mit Beginn des Ersten Weltkriegs erließ sie einen „Aufruf an die Frauen und Jungfrauen Bayerns – Schart Euch um Eure Königin! König Vaterland und Armee werden es Euch danken." Die Nibelungensäle funktionierte sie um in eine Kriegsnähstube. Auch die Königin ließ sich von der Kriegsbegeisterung anstecken: „Heldenmütter" weinten um ihre „Heldensöhne".

Marie von Preußen,
Gemahlin von Max II.

Die persönliche Frömmigkeit aller Wittelsbacher Königspaare des 19. Jahrhunderts ist unbestritten. Die Königinnen Caroline, Therese und Marie waren evangelisch. So kam mit Caroline von Baden offiziell eine neue Konfession nach München. Carolines Hofprediger Dr. Ludwig Schmidt notierte bei ihrer Ankunft in München: „Die meisten Einwohner hatten in ihrem Leben keine (Protestanten) gesehen und glaubten, sie müssten ganz anders aussehen als andere Leute."

Zu großen Hoffesten nahmen die evangelischen Fürstinnen mit ihren Familien am katholischen Gottesdienst teil, ansonsten gingen sie in den evangelischen Gottesdienst. Alle königlichen Kinder wurden katholisch erzogen. Herzogin Ludovika (Mutter der Kaiserin Elisabeth), Tochter von Königin Caroline, schrieb in einem Brief: „In unserer Jugend waren wir angeprotestantelt." War die Zeit, in der Caroline von Baden nach München kam, gekennzeichnet von Toleranz, so stand ihr Lebensende im Schatten eines konfessionellen Fanatismus. Dies führte zu einem Eklat bei der Bestattung der im ganzen Land verehrten Königin. Die katholische Geistlichkeit war nicht im Ornat erschienen, protestantischen Pfarrern und Trauergästen wurde der Zutritt zur Theatinerkirche verwehrt, wo der Sarg ohne Gebete und Segen neben dem Sarkophag des Königs abgestellt wurde. Caroline hatte ihre evangelische Schwiegertochter Therese besonders geliebt. Die Königinnen gingen oft gemeinsam zum Beten in die erste, 1833 in München errichtete, protestantische Kirche, die später St. Matthäuskirche benannt wurde. Königin Therese, sie starb 1854 bei einer Choleraepidemie, fand erst 2002 eine würdige Ruhestätte neben ihrem Gemahl Ludwig I. in der Kirche St. Bonifaz.

Die dritte Königin Bayerns, Königin-Mutter Marie, mit 39 Jahren schon verwitwet, trat zum katholischen Glauben über. Rührend sind die Worte ihres Sohnes Otto zur Konversion: „Die Mutter war gleich nach dem Übertritt heiter und man sah ihr die innere Zufriedenheit u. Seelenruhe ordentlich an! – Gott segne sie immerdar!" Sohn Ludwig missbilligte aber diesen Schritt. Als sie drei Jahre nach dem Tod ihres geliebten Sohnes König Ludwig II. auf Schloss Hohenschwangau verstorben war, wurde sie an der Seite von König Maximilian II. in der Theatinerkirche zur letzten Ruhe gebettet. Ihr Herz ist das erste Herz einer bayerischen Königin, das in einer Herzurne, geschmückt mit Almenrausch und Edelweiß, in der Gnadenkapelle in Altötting aufgestellt wurde.

Die in der kurzen Regierungszeit König Ludwigs III. und seiner katholischen Gemahlin Marie Therese spür-

Marie-Therese von Habsburg-Este, Gemahlin von Ludwig III.

bare religiöse Ausrichtung wird besonders deutlich durch des Königs Bitte an Papst Benedikt XV., dass „die allerseligste Jungfrau Maria als Patronin der Bayern durch den Heiligen Stuhl erklärt werde." Die Erhebung der Gottesmutter zur „Schutzfrau Bayerns" erfolgte im April 1916.

Am 20. Februar 1918 segnete Kardinal Faulhaber im Münchner Dom das Königspaar aus Anlass seiner goldenen Hochzeit. Am 6. Februar 1919 verstarb die Königin auf Schloss Wildenwart, wo sie vorläufig beigesetzt wurde. Ludwig III. verschied drei Jahre später auf Gut Sávár in Ungarn. Sein Leichnam wurde im Zug nach Wildenwart gebracht; dort stellte man den Sarg der Königin ebenfalls in den Zug, und die Fahrt ging weiter nach München im nun „freien Volksstaat Bayern". Für eine Nacht erfolgte eine Doppelaufbahrung in der Ludwigskirche. Bayerns letzte Königin Marie Therese fand ihre letzte Ruhestätte zusammen mit ihrem Gemahl in der Gruft des Münchner Doms. *Martha Schad*

Das „Himmelskind" Toleranz

Max I. stand für Parität der Konfessionen, unter Ludwig I. erlebte die evangelische Kirche Jahre des Kampfes

Dass das alte Bayern katholisch blieb, verdankt es den Wittelsbachern. Dass sich das neue Bayern dem Protestantismus öffnete, allerdings auch. Denn alle bayerischen Könige förderten direkt – oder zumindest indirekt durch ihre Heirat – die Entwicklung einer geeinten lutherischen Landeskirche. Bis zum Beginn des 19. Jahrhunderts war das Kurfürstentum ein einheitlich katholisches Land. Nach 1803 wuchs es jedoch weit in den fränkischen und schwäbischen Raum hinein. Und unter den Neuerwerbungen befanden sich zahlreiche Territorien, deren Bewohner seit den Tagen der Reformation evangelisch waren. 1816 bezeichneten sich von mehr als drei Millionen Bayern 750 000 als protestantisch.

Wollte das Königreich Anschluss finden an das wirtschaftliche, geistige und kulturelle Leben im Reich, mussten König Max I. und seine Regierung alles unternehmen, um diese Neubürger zu integrieren. Einen Beitrag dazu hatte der König schon zuvor persönlich geleistet. Seine zweite Gemahlin, Caroline, stammte vom Hof in Baden und war evangelisch. Sie durfte dies nicht nur bleiben, sondern auch ihren eigenen Geistlichen mitbringen. Kabinettsprediger Ludwig F. Schmidt wurde Münchens erster lutherischer Pfarrer.

Caroline war eine fromme Frau und wegen ihrer Wohltätigkeit außerordentlich beliebt, Schmidt ein milde lutherischer Theologe mit diplomatischem Geschick. In beiden hatte Max I. tatkräftige Helfer für die Einführung der Toleranz, diesem „Himmelskind", gefunden. Der König wollte alle Untertanen „ohne Unterschied der Religion lieben". Dieser Erklärung folgten auch Taten. In der Oberpfalz etwa, als sich dort ein finanzstarker lutherischer Unternehmer niederlassen wollte, in der Residenzstadt, als Max I. die Einbürgerung des ersten evangelischen Bürgers mit Brachialgewalt durch-

setzte, und im Donaumoos, wo Pfälzer Protestanten Dörfer anlegen durften.

Aber jetzt stand eine Grundsatzentscheidung an. Sie war das Werk des allgewaltigen Ministers Maximilian von Montgelas. Er vertrat die Grundsätze der Toleranz und Parität, also der Gleichstellung der drei christlichen Konfessionen katholisch, lutherisch und reformiert. Aber er legte der Neugestaltung Bayerns auch die Idee vom durchrationalisierten Staat zugrunde, dem sich alle „Religionsgesellschaften" unterzuordnen haben. Bereits 1803 sicherte ein neues Edikt allen im Reich geltenden Konfessionen freie Religionsausübung zu. Montgelas ging damit sogar weiter als die entsprechenden Gesetze in Preußen und Österreich.

Vor allem aber widmete sich Montgelas seit 1808 mit ganzer Energie der Integration der mehr als 90 kleinen evangelischen Kirchentümer in einer einheitlichen „Protestantische Gesamtgemeinde im Königreich Bayern". Der Aufbau dieser neuen „Staatskirche", als deren „oberster Bischof" der katholische Landesherr galt, war mit der Verfassung und dem Religionsedikt von 1818 so gut wie abgeschlossen. In der glanzvollen Epoche Ludwigs I. hatte der bayerische Protestantismus freilich noch einmal „Kampfjahre" zu bestehen. Zwar war auch Ludwigs Gemahlin Therese evangelisch. Doch der König geriet zunehmend unter den Einfluss des neu erstarkten Ultramontanismus, und in diesem Geist führte auch sein Minister Abel nach 1837 das Kirchenregiment. Zweimal geriet die Regierung dabei in die Schlagzeilen. 1838 erließ Ludwig I. eine neue „Kniebeugeorder": Alle Truppen sollten wieder niederknien, wenn das Allerheiligste vorbeigetragen wird. Zu einem ersten peinlichen Zwischenfall kam es bei einer Parade in der Residenzstadt, als zwei lutherische Generäle aus Franken – getreu der Lutherschen Devise „Hier stehe ich, ich kann nicht

Kabinettsprediger Ludwig F. Schmidt war Münchens erster lutherischer Pfarrer. Königin Caroline hatte ihn an den Hof geholt. Die erste lutherische Kirche war die Matthäuskirche, die 1833 erbaut wurde und 1938 auf Anordnung der NS-Stadtplanung abgerissen werden musste

anders" – stehen blieben. Es folgte ein Vorfall in Ingolstadt, der im ganzen Reich für Erheiterung sorgte. Da hatte ein einfacher Soldat den Befehl „Buchbinder, hock dich!" mit dem Satz pariert „Der Buchbinder tut sich nicht hocken!". Fränkische Adelige mobilisierten das Parlament und die Öffentlichkeit; nach jahrelangen Auseinandersetzungen musste der König zurückstecken.

Noch peinlicher für Ludwig I. gestaltete sich 1841 die Beisetzung der Königinmutter Caroline. Der evangelischen Geistlichkeit wurde kurzerhand das Betreten der Theatinerkirche verboten. Dies leitete den Sturz Abels ein und führte letztlich dazu, dass 1847 für die kirchlichen Angelegenheiten ein eigenes Kultusministerium geschaffen wurde. Die Initiative zu all diesen Repressalien ging freilich nie von der katholischen Kirche, sondern vom König und dem Ministerium Abel aus.

Vieles trug dazu bei, dass sich in der zweiten Hälfte des 19. Jahrhunderts der bayerische Protestantismus zunehmend konservativer und lutherisch-kirchlicher profilierte. Es gab neue Strömungen im fränkischen Luthertum – die Erweckungsbewegung um Wilhelm Löhe in Neuendettelsau und das so genannte Neuluthertum an der Erlanger Universität. Mit Adolf von Harleß, dem ersten Theologen an der Spitze des Oberkonsistoriums, erreichte diese Entwicklung 1852 auch die Leitungsebene. Der evangelische Ministerpräsident von der Pfordten hatte Max II. den strengen Lutheraner zur Ernennung vorgeschlagen und Königin Marie – auch sie evangelisch – hatte mit einem persönlichen Handschreiben nachgeholfen. Mit Harleß fand die schleichende „Lutheranisierung" des bayerischen Protestantismus einen gewissen Abschluss: Fortan nannte man sich evangelisch-lutherische Kirche.

Münchens Protestanten verstanden sich von Anfang an als eine „Elite" mit Distanz zur Kirche. Auch an diesem elitären Charakter waren die Wittelsbacher schuld. Zum Aufbau des neuen Bayern hatte schon Max I. Protestanten nach München eingeladen, den Pädagogen Niethammer etwa, den Juristen Feuerbach, den Goethefreund Jacobi und den Philologen Thiersch. Auch Ludwigs I. Künstlerliste liest sich wie ein Auszug aus dem protestantischen Kirchenregister: Leo von Klenze, Rottmann, Kobell, Schnorr von Carolsfeld, Wilhelm von Kaulbach und die Architekten Bürklein und Ziebland waren evangelisch. Sein Nachfolger Max II. setzte diese Berufung von „Nordlichtern" bekanntlich fort. Diese Wissenschaftler, Künstler und Schriftsteller bestimmten weitgehend das geistige Leben in München. Für das strenge Luthertum bestand da kaum Neigung.

Auch in Nürnberg folgte man um die Jahrhundertwende der wachsenden Konfessionalisierung der Landeskirche nur zögerlich. Nach 1909 kam es zu heftigen Kanzelfehden zwischen liberalen Starpredigern und ihren orthodox-lutherischen Kollegen. Hermann von Bezzel, damals Präsident des Oberkonsistoriums, wies den kirchlichen Liberalismus sogar mit dem für Protestanten ungewohnten Instrument eines „Hirtenbriefes" in die Schranken. Das Geschenk der Staatsunabhängigkeit traf die Landeskirche 1918 unvorbereitet und bedurfte längerer Einübung. Aber dass der bayerische Protestantismus als eine einheitlich geprägte und im lutherischen Bekenntnis verwurzelte evangelische Kirche die neue Zeit erlebte, verdankt er vor allem den aufgeklärten bayerischen Königen und Königinnen. Das ist nicht vergessen: Obermenzings evangelische Christen nannten 1975 ihr neues Gotteshaus – gegen den Willen der Kirchenleitung – nach Bayerns erster Königin Caroline. *Claus-Jürgen Roepke*

Die Säkularisation
von 1803 versetzte
dem katholischen
Bayern einen
schweren Schlag.
Die Orden, das
kirchliche Brauch-
tum und die Volks-
frömmigkeit blühten
aber, gefördert von
König Ludwig I.,
wenige Jahrzehnte
später wieder auf. Zu
jedem Haus gehörte
ein Herrgottswinkel,
an dem täglich
gegessen und gebetet
wurde. Lorenzo
Quaglio d. J.
(1793-1869) hielt
diese Tradition in
dem Gemälde „Das
Tischgebet" fest

175

Wie Feuer und Wasser

*Die Beziehungen zwischen Bayern und dem Vatikan in Rom waren ein
Jahrhundert lang von einem Spannungsverhältnis geprägt*

Am Beginn der Beziehungen zwischen dem Staat und der katholischen Kirche im Königreich Bayern steht ein Widerspruch, um dessen Bewältigung sich ein Jahrhundert staatlicher Kirchenpolitik mühen musste. Im Konkordat von 1817 hatte die bayerische Regierung der römischen Kurie schier alles zugestanden, was diese gefordert hatte: von der Revision der neu geschaffenen paritätischen Grundordnung des Königreichs bis zum Verzicht auf die seit Jahrhunderten praktizierten staatlichen Kirchenhoheitsrechte. Bayern machte alle diese Zugeständnisse ausschließlich deshalb, um sich dafür die päpstliche Zustimmung zum staatlichen Bischofsernennungsrecht zu erkaufen.

Allerdings stellte sich tatsächlich sehr schnell heraus, dass die Regierung die Konkordatsbestimmungen nicht unbesehen ernst nehmen und realisieren konnte, wollte sie nicht die Neuordnung des bayerischen Staates grundlegend in Frage stellen. Aus der Sicht der Münchner Regierung musste ein Weg gefunden werden, um das Paritätsprinzip einerseits und die Existenz des bayerischen Staatskirchentums andererseits, trotz des soeben unterzeichneten Konkordats, zu sichern. Die Regierung, um es kurz zu machen, erließ 1818 ein Religionsedikt, das die erwähnten Zugeständnisse gegenüber der Kirche wieder kassierte, und veröffentlichte dieses als II. Beilage und damit als Teil der Verfassung von 1818, während das Konkordat als Anlage zu dieser II. Verfassungsbeilage publiziert wurde, was ihm lediglich den Rang eines gewöhnlichen Gesetzes zuwies. Unschwer erkennt man die Absicht: In der kirchenpolitischen Praxis des Königreichs sollte nach dem Buchstaben des Religionsedikts verfahren werden und eben gerade nicht nach den völlig anders ausgerichteten Artikeln des Konkordats – mit Ausnahme natürlich des dort fixierten königlichen Nominationsrechtes.

Auch den Zeitgenossen war klar, dass sich die Normen von Religionsedikt und Konkordat wie Feuer und Wasser zueinander verhielten. Aus dem Spannungsverhältnis von Religionsedikt und Konkordat lassen sich die gesamte Dynamik der Kirchenpolitik im Königreich Bayern und die Geschichte der bayerisch-römischen Beziehungen zwanglos ableiten. Konkordat und Religionsedikt blieben bis zum Ende des Königreichs in Kraft. Und bei der Bewältigung dieses Spannungsverhältnisses kam es immer wieder entscheidend auf das ganz persönliche Profil der einzelnen Monarchen an, auf ihre individuelle Religiosität, auf ihre jeweiligen Vorstellungen von der Zuordnung von Staat und Kirche.

Staat und Kirche, König und Papst, Regierung und Päpstlicher Stuhl waren ein Jahrhundert lang, von 1818 bis 1918, darauf angewiesen, unter sich wandelnden äußeren Bedingungen immer wieder neu modellierte Kompromisse zu suchen. Und hier begegnet uns im Königreich Bayern eine ganz erhebliche Bandbreite, die vom privilegierenden Werben um Kirche und Papst bis zur scharfen Konfrontation im Zeichen des so genannten Kulturkampfes reicht. Am Beginn steht gleichwohl der Versuch, die Grundlagen für Pragmatismus und Kompromiss einigermaßen tragfähig zu gestalten. Die berühmte Tegernseer Erklärung König Max' I. Joseph vom 21. September 1821 ist mit der Kurie abgesprochen, in ihr wird die ungeschmälerte Gültigkeit der Verfassung und damit, ohne dass dies eigens erwähnt wird, auch des Religionsedikts betont, aber gleichzeitig wird hinzugefügt: „Auch erklären wir neuerdings, daß das Concordat, welches als Staatsgesetz gilt, als solches angesehen und vollzogen wer-

Monsignore Eugenio Pacelli (1876–1958),
der spätere Papst Pius XII., der 1917 als Nuntius
in München akkreditiert wurde und
damals als begabtester Diplomat der Kurie galt

internationalen Vergleich, tatsächlich mehr als zufriedenstellend war; und drittens schließlich war die päpstliche Politik von der Überzeugung getragen, dass die bayerische Regierung ein verlässlicher und seriöser Partner im Kampf gegen die Gefahren des Umsturzes und der Revolution und auch im Widerstand gegen religionsfeindliche Tendenzen war.

Am 12. März 1917 schreibt der Vorsitzende im bayerischen Ministerrat, Graf Hertling, an den Zentrumspolitiker Erzberger: „Bayerns Beruf ist es, die katholische Vormacht im Reich zu sein. Daß es diese Aufgabe mehr als 40 Jahre nicht begriffen hat, ist traurig genug: der jetzige König aber ist durchaus davon erfüllt, und daß ich seine Auffassung teile, ja daß es dieser Gedanke ist, der mir meine jetzige Stellung wertvoll macht, brauche ich Ihnen nicht zu sagen.“

Georg von Hertling war 1912 Vorsitzender im Ministerrat geworden; zum Zeitpunkt seiner Berufung war er eine führende Persönlichkeit des katholischen Deutschland; seine Berufung stellte eine Sensation dar. Er hatte keinerlei Scheu, den politischen Katholizismus ganz bewusst in eine konservative Sammlungspolitik mit hineinzunehmen. Diese grundsätzliche Neuorientierung der bayerischen Politik unter König Ludwig III. und Graf Hertling blieb nicht ohne Auswirkungen auf die bayerisch-kurialen Beziehungen.

1914 gelingt Hertling und dem König die Erhebung des Münchner Erzbischofs, Franz von Bettinger, in den Kardinalsrang; 1916 erwirkt Hertling beim Papst die Einrichtung eines eigenen bayerischen Festtages „Patrona Bavariae“; anlässlich der Kardinalserhebung des in München residierenden Nuntius Andreas Frühwirth verleiht Papst Benedikt XV. dem bayerischen König das Vorrecht der Birettaufsetzung, was König Ludwig III. in die Reihe der privilegierten katholischen Souveräne aufnimmt. 1917 schließlich gelingt die Akkreditierung von Eugenio Pacelli als Nuntius in München, was angesichts von dessen Profil als begabtester Diplomat der Kurie und wenn man seine nachmalige Karriere bedenkt (er wurde Papst Pius XII.), als ein ganz erheblicher Erfolg der bayerischen Regierung gewertet werden darf.

Einer Übertreibung macht man sich nicht schuldig, wenn man festhält, dass die Beziehungen zwischen dem Königreich Bayern und dem Päpstlichen Stuhl während des ganzen 19. und beginnenden 20. Jahrhunderts nie so kooperativ, so gut und so intensiv gewesen waren, wie sie es ausgerechnet in den letzten Jahren der Monarchie tatsächlich sind.

Hans-Michael Körner

den soll, und daß allen Behörden obliege, sich genau nach seinen Bestimmungen zu achten.“

Die Kurie lässt sich 1821 auf den Formelkompromiss der Tegernseer Erklärung ein, weil sie den Konflikt nicht auf die Spitze treiben will; die Kurie erkennt, dass die Förderung der katholischen Interessen in Bayern nicht von einer Revision der staatskirchenrechtlichen Grundlagen abhängig ist, wie sich unter Ludwig I. und unter Max II. zeigen sollte; die Kurie reagiert ausgesprochen pragmatisch, als Lutz das Altkatholikenproblem nicht mit einem Verzicht auf das Königliche Plazet löst, sondern allein dadurch, dass er zur milderen Praxis aus der Zeit Max’ II. zurückkehrt. Erleichtert wurde der Kurie ihr Pragmatismus gegenüber der bayerischen Regierung durch verschiedene Umstände: Erstens war offensichtlich, dass der Staat das königliche Nominationsrecht, von ganz wenigen Ausnahmen abgesehen, nicht antikurial instrumentalisierte; zweitens musste Rom, vornehmlich im ausgehenden 19. Jahrhundert, davon überzeugt sein, dass die Lage der katholischen Kirche in Bayern, gerade im

Kaiser und König im Tod vereint

In vier Münchner Kirchen befinden sich Grüfte der Wittelsbacher Monarchen.
Der Sarkophag König Ludwigs II.
in St. Michael ist Ziel von „Kini"-Verehrern und Hobby-Detektiven

Wer die Grabstätten der bayerischen Könige besichtigen will, tut gut daran, sich zumindest einen halben Tag frei zu nehmen. Es gilt, sofern Vollständigkeit angestrebt wird, insgesamt vier Münchner Kirchen aufzusuchen und dann herauszufinden, in welchem Winkel der jeweiligen Gruft der königliche Sarg steht. Kaum zu verfehlen ist dabei die letzte Ruhestätte Ludwigs I., vorausgesetzt man weiß, wo sich die Basilika des Klosters Sankt Bonifaz befindet. Dort dämmert der Monarch in einem pompösen Marmorsarkophag dem Jüngsten Gericht entgegen, wobei sich bei näherer Betrachtung die Frage aufdrängt, warum seine Gattin, Therese Charlotte Luise von Sachsen Hildburghausen (1792-1854), quer zu ihm in die Wand gemauert ist.

Damit ist man bei einer sonderbaren Geschichte, die ihren Anfang darin hat, dass Königin Therese Protestantin war. Als solche durfte sie nicht einmal als Leichnam über die Schwelle des katholischen Gotteshauses gelangen, das Ludwig I. als Begräbnisort für sich und seine Gattin auserkoren hatte. Die Angelegenheit ging bis nach Rom, was zu der raffinierten Lösung führte, Therese in einer Gruft unterhalb der Klosterkirche zu bestatten. Ludwig war damit erst einverstanden, als man ihm mitteilte, dass er ein Stockwerk höher, in der Kirche, liegen würde, direkt über seiner Gemahlin. „Das ist grade die paßliche Lage für Mann und Frau", soll er gesagt haben. Im Jahr 2002 hat man dem unwürdigen Zustand ein Ende gemacht. Weil es an Platz für ein Nebeneinander fehlte, liegen die beiden jetzt quer zueinander.

Max I. Joseph, der erste bayerische König, liegt in einem Sarg in der Fürstengruft der Theatinerkirche an der Seite seiner Gemahlin Caroline. Die prachtvolle Barockkirche, die Kurfürst Ferdinand Maria und seine Gattin Henriette Adelaide zum Dank für die Geburt des Erbprinzen Max Emanuel gestiftet haben, birgt die sterblichen Überreste vieler Wittelsbacher Herrscher. Auch das Stifterpaar sowie Kaiser Karl VII. oder der griechische König Otto, ein Sohn Ludwigs I., sind in der Gruft bestattet. König Maximilian II. ruht hingegen in einer Seitenkapelle der Theatinerkirche neben Königin Marie, der Mutter Ludwigs II.

Der Zinnsarkophag König Ludwigs II. steht in der Krypta der Jesuiten-Kirche Sankt Michael. Der Sarg ist Wallfahrtsort für „Kini"-Verehrer aus aller Welt, die gerne Blumen zurücklassen, zur Not auch solche aus Plastik. Um den Sarkophag ist ein Metallzaun angebracht, damit sich der peinliche Vorfall nicht wiederholt, der sich am 10. Mai 2000 zugetragen hatte. Damals haben die so genannten Guglmänner, die dem Glauben anhängen, der König sei erschossen worden, ein Wägelchen samt Fotoapparat unter den Sarkophag geschoben, um die Bodenplatte abzulichten. Das Loch, das sie fotografierten, nahmen sie als Beweis für die These, der Leichnam Ludwigs sei beseitigt worden, um den Mord zu vertuschen. Nach offizieller Lesart geht das mysteriöse Loch auf eine chemische Reaktion zurück, ausgelöst vom Leichenwasser. In der Fürstengruft von Sankt Michael liegt auch König Otto I., der schwermütige Bruder Ludwigs II., Prinzregent Luitpold, der an seiner Stelle die Herrschaft ausübte, wurde in der Theatinerkirche zur letzten Ruhe gebettet. Das eindrucksvollste Grabdenkmal in der Michaelskirche ist allerdings Eugène de Beauharnais, dem Stiefsohn Napoleons, gewidmet. Das Marmormonument des Bildhauers Bertel Thorwaldsen steht an einer Seitenwand des Kirchenschiffs. Eugènes Witwe Auguste Amalie, die Tochter König Max I., hatte das Werk in Auftrag gegeben. Es war ei-

Das Herz der Königstochter Augusta Amalia ist in diesem goldenen Gefäß aufbewahrt. Es steht im Columbarium der Fürstengruft in der Münchner St. Michaelskirche. Augusta Amalia war die Gemahlin von Eugène Beauharnais, dem Adoptivsohn Napoleons. Das Herz von Königin Marie ruht in einer Herzurne in der Gnadenkapelle in Altötting

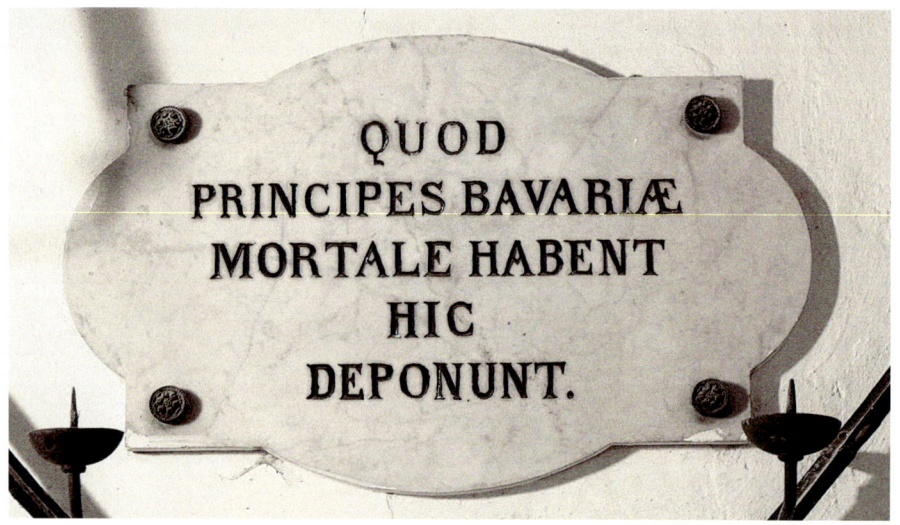

Ein Gitter umgibt in der
Fürstengruft von St. Michael
den Zinnsarkophag
Ludwigs II., um die Toten-
ruhe des Königs zu schützen.
In der Krypta liegt auch
König Otto I., der schwer-
mütige Bruder Ludwigs.

Ein Schild in der Theatinerkirche weist darauf hin, dass
hier die sterblichen Überreste
bayerischer Fürsten ruhen

QUOD
PRINCIPES BAVARIÆ
MORTALE HABENT
HIC
DEPONUNT.

ne Zwangsehe, die Napoleons politischem Kalkül entsprang, und doch war sie glücklich. Bestattet ist das Paar eine Treppe tiefer in der Fürstengruft.

Bleibt noch Ludwig III., der letzte bayerische König. Er liegt in der Frauenkirche, dem Münchner Dom. Die Krypta, die nach der Zerstörung im Zweiten Weltkrieg Ende der vierziger Jahre neu gestaltet wurde, ist ein schlichter rechteckiger Raum mit Ziegelwänden. Beiderseits des Eingangs sind die Grabni-

schen der Wittelsbacher. Auf einer der Grabplatten steht: „Hier liegen in einem Sarg vereint." Es folgen die Namen diverser Herzöge und Herzoginnen aus der frühen Blütezeit des Hauses. Zuoberst steht der Name Kaiser Ludwigs IV. (1283-1347). Der erste Kaiser aus dem Hause Wittelsbach und der letzte König – in puncto Glanz und Elend einer Dynastie bietet die Frauenkirche ein Ensemble von geradezu aufdringlicher Symbolkraft.
Wolfgang Görl

Die Linie der Jakobiten

Die Sache mit dem bayerischen Anspruch auf den britischen Thron

Über das Haus Wittelsbach sinnieren heißt auch die realen Thronchancen der Dynastie bedenken, egal ob diese jemals zu verwirklichen wären. Zuvörderst geht es dabei natürlich um den nicht vorhandenen, aber nach Ansicht harter Royalisten sehr wünschenswerten bayerischen Thron, dem der letzte König, Ludwig III., nie formell entsagt hat. Von ihm verläuft die Sukzession über Kronprinz Rupprecht und Herzog Albrecht auf dessen Sohn Franz, den gegenwärtigen Chef des Hauses Wittelsbach. Nächster Anwärter nach dem kinderlosen Herzog Franz ist dessen Bruder Max Emanuel, der fünf Kinder hat, allerdings lauter Töchter, sodass die Thronfolge nach ihm auf Prinz Ludwig, dessen Sohn Luitpold, bekannt als Bräu von Kaltenberg, und wiederum auf dessen Söhne überginge.

So viel zur reellen, wenn auch wahrscheinlich irrealen Thronfolge. Spezialisten verweisen auf eine andere Option, die so ausgefallen ist, dass sie von den Nichtspezialisten zunächst für einen Witz gehalten wird. Es handelt sich um nichts Geringeres als den britischen Thron, der nach Ansicht der „Jakobiten" eigentlich den Wittelsbachern zustünde, zurzeit also Franz von Bayern, den die Verfechter dieser Anwartschaft unter dem Titel „His Majesty King Francis II, King of Scots, King of Bavaria, Cyprus & Jerusalem & Pharaohnic Prince of Egypt" führen. Die Jakobiten sind übrigens keine Jakobiner, sondern die Anhänger der im Exil lebenden Stuarts; ihr Name kommt von König Jakob (James) II., der 1688 bei der „Glorious Revolution" vertrieben wurde.

Mit dem „Act of Settlement" von 1701 wurden die katholischen Stuarts von der Thronfolge ausgeschlossen. Ihr Hauptstamm verlief über Jakob III., genannt „The Old Pretender", auf dessen Söhne Karl Eduard alias „Bonnie Prince Charlie" oder „Young Pretender" und Heinrich Benedikt. Beide starben ohne eheliche Kinder; die Ansprüche auf den Thron hatte Heinrich Benedikt auf Karl Emanuel IV. von Sardinien übertragen. Realiter ging die Krone an Jakobs protestantische Tochter Maria und deren Gemahl Wilhelm von Oranien, danach an Marias Schwester Anna. Als sie 1714 starb, trat die Sukzessionsakte in Kraft, und man holte den Kurfürsten von Hannover, den einzigen protestantischen Urenkel von Jakob I., als Georg I. auf den vereinigten Thron von Großbritannien und Irland.

Der bayerische Anspruch verläuft auf einem etwas verschlungenen Weg. Der erwähnte Karl Emanuel IV. von Sardinien, dem Heinrich Benedikt die Stuartschen Anrechte überließ, war ein Nachfahr von Henrietta Anna Stuart, einer Schwester Jakobs II., und insofern auch von Geburts wegen der, den die Jakobiten gern auf dem Thron gesehen hätten. Da er kinderlos starb, ging die Würde an seinen Bruder Viktor Emanuel I. von Sardinien, danach an dessen Tochter Maria Beatrix, die Herzog Franz IV. von Modena heiratete, und dann an beider Sohn Franz V., der ebenfalls kinderlos hinüberging. Damit war die Reihe an seiner Nichte Maria Theresia von Österreich-Este, für die Legitimisten „Mary IV and III".

Erzherzogin Maria Theresia aber heiratete im Februar 1868 in der Wiener Hofburg – und im Beisein Kaiser Franz Josephs I. – Prinz Ludwig von Bayern, den späteren König Ludwig III., Sohn von Prinzregent Luitpold. Die Ehe der beiden, währte ein halbes Jahrhundert und galt als vorbildlich. 13 Kinder gingen daraus hervor, von denen das älteste, Kronprinz Rupprecht, als „Robert I and IV" in die Reihe der „Jacobite Kings and Their Heirs" eintrat. Auf ihn folgte Herzog Albrecht („Albert I"), und zurzeit ist Franz von Bayern („Francis II") der Inhaber eines Anspruchs, den er so wenig wie seine Vorfahren verwirklichen wird. Nach ihm geht die Würde an seine Nichte Sophie, eine Ururgroßenkelin des letzten bayerischen Königs. *Hermann Unterstöger*

Auguste und die Rabenvögel

*Die jungen Prinzessinnen und Prinzen von heute ergreifen unterschiedliche bürgerliche
Berufe und streben nach wissenschaftlicher Anerkennung*

Wintersemester 1861/1862 an der Ludwig-Maximilians-Universität. Den Münchnern bot sich ein ungewohntes Bild: Ein königlicher Prinz eilte von der Residenz die Ludwigstraße hinunter zur Hochschule – der spätere König Ludwig III. auf dem Weg zu seinen Vorlesungen in Volkswirtschaft, Agrikultur, Jura und Philosophie. Zuvor waren die Professoren meist zu Privatvorlesungen zu den jungen Wittelsbachern gekommen. Ludwig jedoch immatrikulierte sich schon mit 18 Jahren für ein ganz normales Studium; zeitlebens war er stolz darauf, nie eine Vorlesung geschwänzt zu haben.

Universitätsaufenthalte bedeuteten für die Söhne regierender Häuser nicht dasselbe wie für ihre bürgerlichen Kommilitonen. Bei Ludwig I. zum Beispiel nahm der Besuch zweier Hochschulen – Landshut und Göttingen – weit kürzere Zeit in Anspruch als ein einziges normales Studium. „Es handelte sich mehr oder minder um ein Kennenlernen auch dieser Institutionen," schreibt sein Biograf Heinz Gollwitzer, „Dem akademischen Unterricht wurde bei der Gesamtausbildung der Kurprinzen keine zentrale Rolle zugewiesen." Hofmeister und Erzieher sorgten allerdings dafür, dass daheim kein Müßiggang herrschte.

Der Stundenplan des jungen Ludwig II. wurde vom Vater Maximilian II. peinlichst genau festgelegt und durfte auch nicht durch Reisen unterbrochen werden: Von acht bis 17 Uhr Unterricht, Mittagspause von 14 bis 15.30 Uhr, die Fächer waren: Latein, Griechisch, Deutsch, Religion, Mathematik, Französisch, Zeichnen, Geschichte (auch die bayerische), Reiten. Abends noch eine Stunde Schwimmen, Fechten oder Turnen. Samstags Tanzen. Die Zeiten

waren friedlich, daher wurde die militärische Ausbildung Ludwigs II. reduziert – was Bismarck übrigens zu scharfer Kritik an solch weltfremder Erziehung veranlasste.

Den Schliff für ein königliches Auftreten brachte den jungen Kronprinzen der Unterricht in gehobenen höfischen Umgangsformen, am Ende winkte als Belohnung die „große Kavalierstour" an die europäischen Königshöfe: eine Verbindung von Sightseeing, Wissensvermittlung, Besuch von Verwandten und Bekanntschaft mit berühmten Persönlichkeiten. So durfte Ludwig I. im Zeichen der damals fortschreitenden Intellektualisierung der Kunst nach Italien, was ihm wie „das irdische Paradies" vorkam und sein Kunstverständnis bekanntlich nachhaltig beeinflusste.

„Früher wurden die Kronprinzen für die sie erwartende Aufgabe als König geschult," bilanziert Marcus Freiherr von Bechtolsheim, der heutige Präsident der Verwaltung des Herzogs von Bayern, „jetzt gibt es in der Familie der Wittelsbacher niemanden mehr, der eine ähnlich geartete Aufgabe zu übernehmen hat, mit Ausnahme des Herzogs. Darum ist es üblich und in Ordnung, wenn jedes Familienmitglied einen ganz normalen bürgerlichen Beruf ergreift." Und dazuverdient, da die Einkünfte aus dem nach dem Ende der Monarchie eingerichteten Wittelsbacher Ausgleichsfonds nicht ausreichen. Herzog Franz von Bayern, derzeit Familienoberhaupt, ist gelernter Diplom-Kaufmann. Sein Bruder Herzog Max in Bayern, der jetzt das Herzoglich Bayerische Bräuhaus Tegernsee leitet, hat in München und Zürich Betriebswirtschaft studiert. Prinz Luitpold von Bayern, Chef der Kaltenberger Brauerei, hat Jura studiert. Seine fünf Kinder studieren Jura/Politik/Kommuni-

Prinzessin Auguste von Bayern
erforschte in Cambridge das Verhalten von Rabenvögeln (Foto oben),
Prinz Manuel von Bayern sieht
seine Zukunft in einem Bio-Tech-
Unternehmen. Prinzessin Helena
in Bayern wird in einen Job im
Marketing- oder PR-Bereich gehen

kationswissenschaften (Ludwig), Physik (Heinrich), Literatur/Biologie (Alice) und Karl, der 2006 kurz vor dem Abitur steht, plant ein Wirtschaftsstudium.

Prinzessin Auguste von Bayern, die älteste Tochter, hat Biologie belegt – in Cambridge erforscht sie das Verhalten von Rabenvögeln. „Es geht um die Frage, ob Intelligenz ein Produkt des sozialen Zusammenlebens ist – um die Fähigkeit der Tiere, sich in andere hineinzuversetzen." Auguste, 26 Jahre alt, zurückhaltend und eher vorsichtig in Ausdruck und Gestik, gewinnt an Temperament, sobald sie von ihrem Forschungsprojekt spricht. Von den Eichelhähern, mit denen alles begann, die ihr Futter verstecken und sich die Verstecke merken. Die sich – „grandios!" – auch die Verstecke der anderen Eichelhäher merken und dann plündern, wenn sie dabei keine Zuschauer haben. Derzeit arbeitet die Prinzessin mit Dohlen und sagt eher ernüchtert: „Dohlen sind hochgradig hysterisch und leider verstecken sie auch kein Futter."

In Cambridge wohnt die bayerische Prinzessin im Wohnheim in einer WG mit neun Studentinnen aus sieben Nationen. „Nach zwei Jahren hat man auch in Cambridge gemerkt, dass ich ganz normal bin," sagt sie sarkastisch, „jetzt werde ich akzeptiert." Vorurteile wegen des Namens gab es während der Schulzeit immer, Ablehnung ebenso wie devote Freundlichkeit: „Als Kind mag man das gar nicht. Man will nicht anders sein als die anderen." Rückendeckung und Ansporn kamen von den Eltern: Auf dem Nachtkästchen Stapel von Büchern, die unbedingt gelesen werden sollten.

Im Alter von 19 Jahren lebte Auguste von Bayern zwei Monate mit einer Forscherin in einer Blechhütte in der Serengeti, um das Sozialverhalten der Hyänen zu erkunden. Danach ging sie für ein Jahr nach Kapstadt; Afrika fasziniert sie heute noch so sehr, dass sie dorthin zurückkehren möchte. Eines ihrer Vorbilder ist Therese von Bayern: Die Schwester von Ludwig III. reiste Ende des 19. Jahrhunderts durch Europa, den Vorderen Orient und Amerika, veröffentlichte zahlreiche Berichte und erhielt wegen ihrer wissenschaftlichen Verdienste von der Münchner Universität die Ehrendoktorwürde.

Diese Wittelsbacher Unternehmungslust hat auch Herzogin Helena in Bayern geerbt, die 33-jährige Tochter von Herzog Max und Herzogin Elisabeth in Bayern. Sie ging nach der Schule für zwei Jahre in die Schweiz, um Sprachen zu lernen, arbeitete dann in Toronto in einem Reisebüro, spezialisierte sich

schließlich auf Business und Marketing Communications und machte dafür die entsprechenden akademischen Abschlüsse in Brüssel und London. Die nötige Praxis sammelte sie anschließend in der Bayerischen Vertretung in Brüssel und der EU-Generaldirektion Forschung. Vorübergehend ist Herzogin Helena jetzt zu ihren bayerischen Wurzeln zurückgekehrt: Sie besucht die Bayerische Waldbauernschule und hat soeben ihren ersten Baum mit der Motorsäge gefällt. Für die Zeit danach sucht sie einen interessanten Job, im Marketing- oder PR-Bereich. Sie sagt: „Kann schon sein, dass der Name manchmal als Türöffner dient. Aber dann muss man ganz schnell seine Frau stehen – sonst ist die Tür sofort wieder zu. Ohne gute Ausbildung geht gar nichts."

Und so denken auch ihre vier Schwestern: Sophie, inzwischen verheiratete Erbprinzessin von und zu Liechtenstein (Geschichte), Marie Caroline von Württemberg (Sprachen), Elizabeth in Bayern (Audiovisuelle Medien/BWL) und Maria Anna in Bayern (Politik/BWL). Im Sinne dieser Familientradition sind auch die Kinder von Prinz Leopold (Berufsrennfahrer/ jetzt BMW-Repräsentant) und Prinzessin Ursula in Bayern erzogen worden. Konstantin macht gerade sein Abitur an einem schottischen Internat, Felipa hat Innenarchitektur abgeschlossen und beginnt in diesem Jahr Business Studies in London.

Der älteste Sohn, Prinz Manuel von Bayern, arbeitet an seiner Doktorarbeit an der Columbia-Universität in New York. Der 33-Jährige studierte in Regensburg und München Biologie und beschäftigt sich jetzt in amerikanischen Labors mit Infektionen beim Einsatz von Kunstherzen. „Wir operieren Mäuse und Ratten und erhalten Erkenntnisse, die später den herzkranken Menschen zugute kommen werden." Seine mittelfristige Zukunft sieht er in einem Unternehmen der Biotechnologie in den USA, Fernziel ist allerdings die Heimkehr: „Ich bin viel zu verbunden mit Bayern, als dass ich mich ganz für das amerikanische Leben entscheiden könnte."

„Der Name von Bayern bringt überhaupt nichts in der Wissenschaft," sagt Manuel nüchtern, „es zählen nur Ergebnisse." Ausbildung sei heute das Wichtigste, das gelte für den bürgerlichen Nachwuchs ebenso wie für den adeligen. „Als Wittelsbacher denkt man vielleicht generationsübergreifender – welche Verantwortung man durch die Vergangenheit und für die Zukunft der Familie hat. Aber das ist der einzige Unterschied." *Elke Reichart*

Geschäftsgeheimnis

Dank einer einzigartigen Stiftung erhält das frühere Herrscherhaus heute Millionenbeträge. Was der Wittelsbacher Ausgleichsfonds wirklich besitzt und was er verdient, ist jedoch nur schwer zu ermitteln

Georg Lohmeier ist, zumindest ehrenhalber, Bayerns oberster Königstreuer. Aber so treu ist er nun auch wieder nicht, dass er nicht auch einmal ein böses Wort fände gegen das königliche Haus der Wittelsbacher. Denn dass diese nie ihren Thronanspruch offen formulierten, will Lohmeier partout nicht in den Kopf. Und er glaubt auch zu wissen, warum: „Weil sie Angst haben, den Wittelsbacher Ausgleichsfonds zu gefährden", wie der Schriftsteller einmal in einem Interview mit dem Bildungskanal BR-alpha sagte. Jenen Fonds also, aus dem die Mitglieder des Hauses Wittelsbach bis heute mit Millionenbeträgen alimentiert werden. Er ist eines der größten Staatsgeheimnisse Bayerns. Wie viel der Fonds besitzt, was er verdient – kein bisschen ist darüber zu erfahren.

Ein absolutes Unikum ist dieser Fonds. Er hat die Rechtsform einer Stiftung des öffentlichen Rechts, die Staatsregierung hat per Gesetz die Pflicht, die „ungeschmälerte Erhaltung" des Fondsvermögens zu sichern. Geleitet wird er von einer kleinen Generaldirektion im Münchner Stadtteil Bogenhausen, die zwölf Mitarbeiter zählt, überwacht werden seine Geschäfte von einem achtköpfigen Verwaltungsrat, in dem auch zwei „Staatskommissare" sitzen – je ein Abteilungsleiter aus dem Wissenschafts- und dem Finanzministerium. Abgesehen von diesen beiden werden die Verwaltungsratsmitglieder für jeweils fünf Jahre vom Chef des Hauses Wittelsbach bestimmt – zurzeit ist das Herzog Franz von Bayern.

Der wacht auch über die Verteilung der Stiftungserträge an die Familienmitglieder. 30 Millionen Euro sollen das im Jahr sein, schrieb vor einiger Zeit die Züricher Weltwoche. „Völlig aus der Luft gegriffen" und „bei weitem nicht so viel", heißt es dazu nur beim Fonds. Konkreter wird man nicht. Wen auch immer

Dem Fonds gehört auch das Schloss Hohenschwangau bei Füssen, das Kronprinz Maximilian 1832 erworben hatte

man von den wenigen, die Bescheid wissen, fragt – und sei es in noch so fröhlicher Runde tief in der Nacht: Entweder erzählen sie in gewundenen Sätzen gar nichts oder sie erschrecken und flüstern: „Streng geheim!"

Der Wittelsbacher Ausgleichsfonds (WAF) ist ein Resultat aus den Wirren der Revolution von 1918. In der Folge versuchte man sich daran, das Hausgut der Wittelsbacher und das Staatsvermögen zu entflechten. Das war nicht einfach: War doch 100 Jahre zuvor der Besitz der königlichen Familie dem Staatsschatz zugefallen, was dem hoch verschuldeten Staat seinerzeit durchaus weiterhalf. Im Gegenzug übernahm der fortan den Unterhalt der Wittelsbacher, die so genannte Zivilliste. Als die Zahlungen 1918 eingestellt wurden,

Herzog Franz von Bayern,
Familienoberhaupt der
Wittelsbacher, wacht über
die Verteilung der Erträge
aus dem Ausgleichsfonds.
Er übt als Chef des Hauses
auch das Wohnrecht
in Nymphenburg aus

stellte das Haus Wittelsbach Entschädigungsforde-
rungen. Vier Jahre zogen sich die Verhandlungen hin,
bis im Januar 1923 der Freistaat und das Haus Wittelsbach einen Vertrag schlossen. Einen Kompromiss.

Der Freistaat verzichtete darin unter anderem auf
die Schlösser Hohenschwangau, Berchtesgaden, Fürstenried und Berg, tausende Hektar Wald und Land,
das Schloss Ludwigshöhe in der Pfalz, einst Sommer-
sitz der Wittelsbacher und 1974 von Rheinland-Pfalz
erworben, das Kloster Fürstenfeld und das Jagdschloss
Grünau bei Neuburg an der Donau sowie die Rosen-
insel im Starnberger See und das Münchner Gärtner-

besitz verblieben vergleichsweise wenige Immobilien: etwa die Schlösser Leutstetten, Kaltenberg, Wildenwart im Chiemgau oder Tegernsee samt Brauerei. Alle weiteren Schlösser gehören seitdem dem Freistaat. Aus der Rückschau eine finanziell durchaus lohnende Sache für die Wittelsbacher: Für den teuren Bauunterhalt muss seitdem der Freistaat aufkommen – allein Neuschwanstein trägt sich selbst. Dank der Konstruktion mit dem Fonds müssen die Wittelsbacher zudem keine Erbschaftssteuer zahlen, auch die Stiftung ist von der Steuer befreit.

Glaubt man Hanspeter Beißer, dem Justiziar des Ausgleichsfonds, dann waren es für den Fonds harte Jahre in der Anfangszeit. Das viele Geld sei durch die Inflation schon nach Wochen nichts mehr wert gewesen, erzählt Beißer. (Weshalb der Freistaat später noch einmal ordentlich Geld nachschoss.) Nicht einmal um das Gehalt für eine Sekretärin zu bezahlen, hätten die Erträge anfangs gereicht. „Alles, was der Fonds heute hat, hat er selbst erwirtschaften müssen", sagt Beißer. Ja, aber was hat er heute denn nun, fragt man Beißer also. Der lächelt nur, bittet um Verständnis und sagt – ein ums andere Mal: „Hier endet meine Auskunftsfreude." Und was jährlich an die Wittelsbacher fließt? „Das wird ihnen niemand sagen."

Der Versuch einer Annäherung also. Neben besagten Schlössern und unschätzbaren Kunstwerken, die etwa in der Glyptothek oder den Münchner Pinakotheken zu sehen sind, gehören dem Ausgleichsfonds heute 10 810 Hektar Wald, so viel gibt er bekannt. Die aber dürften nur den kleinsten Teil seines Vermögens ausmachen. Der Fonds betreibt auch die Nymphenburger Porzellanmanufaktur, ihm gehören Dutzende Immobilien, das Gut Graßlfing, das Jagdrevier im Köschinger Forst samt Gaststätte, der Golfplatz Gut Rohrenfeld bei Neuburg an der Donau (genannt der „Wittelsbacher") und das Schlosshotel Lisl in Hohenschwangau. Profitiert hat er auch davon, dass Teile seines Grundbesitzes, etwa in Olching oder Feldafing, später zu teurem Bauland umgewandelt wurden. Zeitweilig war der Fonds zur Hälfte am Neumarkter Türenhersteller Pfleiderer beteiligt. Ja, man besitze Immobilien und Aktien, sagt Beißer, „aber keine größeren Pakete". Mit riskanten Spekulationsgeschäften sei man ohnehin sehr zurückhaltend gewesen.

Etwa 150 Mitarbeiter beschäftige der Fonds, berichtet Beißer. Die Firmen, an denen er beteiligt ist, indes nicht mitgerechnet. Ob es also stimmt, was das Munzinger-Archiv schreibt, nämlich dass der Ausgleichsfonds „eine der größten Vermögensverwaltun-

platztheater, beide später vom Freistaat zurückgekauft. Dazu zahlte der Staat eine Barentschädigung von 60 Millionen Mark.

All das sollte aber nicht zum Privatvermögen der Wittelsbacher werden, sie sollten lediglich in den Genuss der Erträge kommen. Deshalb errichtete der Landtag im März 1923 per Gesetz den Wittelsbacher Ausgleichsfonds – „zur Durchführung der vermögensrechtlichen Auseinandersetzungen" zwischen Staat und Königsfamilie, wie es im Gesetz heißt – und übertrug ihm das Vermögen. Alle weiteren Ansprüche der Wittelsbacher erloschen damit. In ihrem echten Privatgen in Deutschland" sei, ist schwer herauszufinden. Zumindest personell aber ist er durchaus mit großen Namen der Wirtschaft verbunden: Der Unternehmensberater Roland Berger sitzt ebenso im Verwaltungsrat wie Jörg-Engelbrecht Cramer, bis 2004 persönlich haftender Gesellschafter der Privatbank Hauck & Aufhäuser, und Jürgen Kammer, Aufsichtsratsvorsitzender der Süd-Chemie. Geleitet wird der Verwaltungsrat von Hans-Jürgen Schinzler, dem Aufsichtsratschef der Münchener Rück. Auch der Privatbankier Wilhelm Winterstein, Aufsichtsrat der AMB Generali, einst auch von Eon, sowie Großaktionär der Süd-Chemie, war einst Mitglied im WAF-Verwaltungsrat.

Amtlich ist, dass der Fonds ein knappes Prozent der US-Firma Roper Industries (Jahresumsatz 2004: knapp eine Milliarde Dollar) besitzt – der Anteil ist gut 30 Millionen Euro wert. Im Aufsichtsrat dort sitzt auch Georg Graf Schall-Riacour, bis vor einem Jahr der Generaldirektor des Fonds. Der begründete im Handelsblatt einmal die dem Ausgleichsfonds eigene Diskretion mit dem Satz: „Wir wollen keinen Neid erzeugen." Die Stiftung ist sogar von Prüfungen durch den Rechnungshof befreit, per Sondergenehmigung der Staatsregierung – ein Privileg, das nur ganz wenige Institutionen des öffentlichen Rechts genießen.

Was auch immer der Fonds alles besitzt – für Kritiker wie Georg Lohmeier ist es im Grunde genommen Staatsvermögen. Revolutionen hätten es nun einmal an sich, dass alles Krongut zu Staatsbesitz und damit zum Eigentum der Steuerzahler werde, argumentiert Lohmeier. Ausgleichsfonds-Justiziar Beißer sieht das naturgemäß anders: Dies wäre aus Sicht des Königshauses eine Enteignung gewesen – hätte mithin einen langen Streit nach sich ziehen können. Bayern sei deshalb nach 1918 um eine „rechtsstaatliche Lösung" bemüht gewesen, sagt Beißer. Das Stiftungsvermögen könne man als „Äquivalent" zum Privatvermögen der Wittelsbacher betrachten – auch deshalb sehe man sich nicht verpflichtet, Zahlen preiszugeben.

Ohnehin erfülle die Stiftung einen Auftrag im Sinne der Öffentlichkeit, sagt Beißer: Die Kunstschätze darf sie nicht ohne Genehmigung verkaufen oder außer Landes bringen. Auch besitzt der Freistaat laut Gesetz ein Vorkaufsrecht bei Immobilien und Wertgegenständen, die beiden Staatskommissare haben im Verwaltungsrat ein Veto-Recht. „Unser Ziel", sagt Beißer, „ist, das Erbe, das uns zugewiesen wurde, zu bewahren." Hohenschwangau zu verscherbeln und dafür beispielsweise eine Insel in Thailand zu kaufen –

„nein, das wäre verantwortungslos". Was der Fonds erwirtschaftet, fließt an die Chefs der Familienzweige der Wittelsbacher, die es wiederum weiterverteilen. Allein die Hälfte soll das Familienoberhaupt, Herzog Franz, erhalten.

Grundlage für den Schlüssel ist das Familienstatut von 1819 – bis heute tut man rechtlich also so, als hätte es nie eine Revolution gegeben. Wie das funktioniert, davon blitzt nur selten einmal etwas in der Öffentlichkeit auf. In den 60er Jahren etwa, da prozessierten die drei Prinzessinnen Hilda, Gabriele und Sophie, die drei jüngsten Töchter des einstigen Kronprinzen Rupprecht, um ihre Aussteuer: Eher bescheidene 24 000 Mark hatte ihnen der Fonds bei ihrer Hochzeit zugestanden – das war ihnen zu wenig. 1971 schließlich, nach zwölf Jahren Rechtsstreit, sprach ihnen das Bundesverwaltungsgericht 130 000 Mark zu. Auch wollten die Prinzessinnen mit Verweis auf die grundgesetzliche Gleichberechtigung ihren männlichen Verwandten gleichgestellt werden. Die erhalten nämlich lebenslang Apanagen, Frauen kommen ab ihrer Heirat nicht mehr in den Genuss der fürstlichen Zahlungen. Dem seinerzeitigen WAF-Verwalter, Friedrich Freiherr von Teuchert, trieb das Ansinnen der Prinzessinnen den Schweiß auf die Stirn, weil er nicht weniger als die „Atomisierung unserer Finanzen" befürchtete. Die Angst war unbegründet: In diesem Punkt unterlagen die drei vor Gericht.

Um seinen Bestand muss sich der Ausgleichsfonds keine Gedanken machen. Nur einmal, so erzählt Beißer, gab es Überlegungen, ihn zu zerschlagen: durch die Nationalsozialisten, die 1944 die Familie von Herzog Albrecht, dem Vater von Herzog Franz, in verschiedene Konzentrationslager brachten. Der Fonds nämlich hatte 1923 auch diverse Privilegien der Wittelsbacher übernommen: Gruftrechte in der Theatinerkirche oder St. Michael in München etwa, Jagd- und Fischrechte – und auch das Wohnrecht in Schloss Nymphenburg, das heute Herzog Franz ausübt. Darauf hätten einige Nazi-Parteibonzen ein Auge geworfen, erzählt Beißer. Sie überlegten, den Fonds aufzulösen – ließen dann aber die Finger davon, da sie befürchteten, das Vermögen würde so rechtlich betrachtet zu Privatvermögen der Wittelsbacher. Das legale Ende des Fonds tritt nur in einem Fall ein: Wenn es keine anspruchsberechtigten, also männlichen, Mitglieder des Hauses Wittelsbach mehr geben sollte. Dann fällt das gesamte Vermögen an den Freistaat. Das freilich ist nicht abzusehen.

Kassian Stroh

Der Löwe, das bayerische Wappentier, schmückt auch die Repräsentationskissen für die Throninsignien

Maximilian I. (Joseph)
König von Bayern 1806 –1825

(27. 05. 1756 – 12./13. 10. 1825)
I. 30. 9. 1785 Auguste Willhelmine Maria,
Landgräfin v. Hessen (14. 4. 1765 – 30. 3. 1796)

II. 9. 3. 1797 Caroline Friederike Wilhelmine,
Marktgräfin. v. Baden (13. 7. 1776 –13. 11. 1841)

---

1 Ludwig I.
Kg. v. Bayern
1825 –1848
(25. 8. 1786 – 29. 2. 1868)
12. 10. 1810 Therese, Prinzess.
v. Sachsen-Hildburghausen
(8. 7. 1792 – 6. 10. 1854)

2 Auguste Amalie
(21. 6. 1788 – 13. 5. 1851)
14. 1. 1806 Eugene
Beauharnais, Herzog v.
Leuchtenberg und
Fürst v. Eichstätt

3 Amalie
Maria Auguste
(9. 10. 1790 –
24. 1. 1794)

4 Charlotte Auguste
(8. 2. 1792 – 9. 2. 1873)
I. 8. 6. 1808 Wilhelm v.
Württemberg, gesch. 1814
II. 10. 11. 1816 Franz I. v.
Österreich, Kaiser

5 Karl Theodor
(7. 7. 1795 –19. 8. 1875)
I 1. 1. 1823 Marie Anna
Sophie Petin,
II 7. 5. 1859
Henriette Schoeller

II. **6 Prinz**
tot geboren
5. 9. 1799

7 Maximilian Joseph
(2. 10. 1800 –
12. 2. 1803)

---

1 Maximilian II.
(Joseph), Kg. von Bayern
1848–1864
(28. 11. 1811 – 10. 3. 1864)
12. 10. 1842 Marie Friederike,
Prn. v. Preußen
(15. 10. 1825 – 17. 5. 1889)

2 Mathilde Karoline
Friederike
(30. 8. 1813 – 25. 5. 1862)
26. 12. 1833 Großherzog
Ludwig v. Hessen

3 Otto
Kg. v. Griechenland
(1. 6. 1815 – 26. 7. 1867)
22. 11. 1836 Amalie, Prn. v.
Oldenburg

4 Theodolinde
(7. 10. 1816 – 12. 4. 1817)

5 Luitpold, Prinzregent
v. Bayern 1886 – 1912
(12. 3. 1821– 12. 12. 1912)
15. 4. 1844 Auguste
Ferdinande, Ezhgn. v.
Österreich, Prn. v. Toskana
(1.4.1825 – 26. 4. 1864)

---

1 Ludwig II.
Kg. v. Bayern
1864 –1886
(25. 8. 1845 – 13. 6. 1886)

2 Otto I.
(27. 4. 1848 – 11. 10. 1916)

1 Ludwig III.
Kg. v. Bayern 1913–1918
(7. 1. 1845 – 18. 10. 1921)
20. 2. 1868 Marie Therese,
Ezhgn. v. Österreich-Este,
Prn. v. Modena
(2. 7. 1849 – 3. 2. 1919)

---

1 Rupprecht, Kronprinz
(18. 5. 1869 – 2. 8. 1955)
I. 10. 7. 1900 Marie Gabrielle,
Hzgn. in Bayern
(9. 10. 1878 – 24. 10. 1912)
II. 7. 4. 1921 Antonia, Prn. v.
Luxemburg u. Nassau
(7. 10. 1899 – 31. 7. 1954)

2 Adelgunde
(17. 10. 1870 – 4. 1. 1858)
20. 1. 1915 Wilhelm,
Fürst v. Hohenzollern

3 Maria
(6. 7. 1872 – 10. 6. 1954)
31. 5. 1897 Ferdinand, Hg.
v. Calabrien, Pr. v.
Bourbon-Sizilien

4 Karl
(1. 4. 1874 –
9. 5. 1927)

5 Franz
(10. 10. 1875 – 25. 1. 1957)
8. 7. 1912 Isabella,
Prn. v. Croy

6 Mathilde
(17. 8. 1877 – 6. 8. 1906)
1. 5. 1900 Ludwig,
Pr. v. Sachsen-
Coburg-Gotha

---

1 Luitpold
(8. 5. 1901– 27. 8. 1914)

2 Irmingard
(21. 9. 1902–21. 4. 1903)

3 Albrecht, Erbprinz
ab 1955 Hg. v. Bayern u.
Chef d. Hauses Wittelsbach
(3. 5. 1905 – 8. 7. 1996)
I. 3. 9. 1930 Maria,
Gfn. Draskovich v. Trakostjan
(8. 3. 1904 – 10. 6. 1969)
II. 21. 4. 1971 Marie Jenke,
Gfn. Keglevich v. Buzin
(23. 4. 1921 – 5. 10. 1983)

4 Prinzessin
tot geboren
6. 12. 1906

5 Rudolf
(30. 5. 1909–26. 6. 1912)

II. **6 Heinrich Franz**
Wilhelm
(28. 3. 1922–14. 2. 1958)
Anne de Lustrac

---

1 Marie Gabriele
(* 30. 5. 1931)
Georg, Ft. v. Waldburg
zu Zeil u. Trauchburg

2 Marie Charlotte
(* 30. 5. 1931)
Paul, Ft. v. Quadt
zu Wykradt u. Isny

3 Franz
(* 14. 7. 1933)
Herzog von Bayern
Seit 1996 Chef des Hauses
Wittelsbach

Die Königspaare von Bayern und ihre Nachkommen (18. bis 20. Jahrhundert)

8 **Elisabeth Ludovika**
(13. 11. 1801 –
14. 12. 1873)
29. 11. 1823 Friedrich
Wilhelm IV., König v.
Preußen

9 **Amalie Auguste**
(13. 11. 1801 –
8. 11. 1877)
21. 11. 1822 Johann I.,
Kg. v. Sachsen

10 **Sophie**
(27. 1. 1805 –
28. 5. 1872)
4. 11. 1824 Franz
Karl Johann,
Erzherzog v.
Österreich

11 **Maria Anna**
(27. 1. 1805 – 13. 9. 1877)
24. 4. 1833
Friedrich August II.,
Kg. v. Sachsen

12 **Ludovika Wilhelmine**
(30. 8. 1808 – 26. 1. 1892)
9. 9. 1828 Maximilian
Hg. in Bayern

13 **Maximiliane
Josepha Caroline**
(21. 7. 1810 –
4. 2. 1821)

6 **Adelgunde Auguste**
(19. 3. 1823 – 28. 10. 1914)
30. 3. 1842 Franz V.
Ferdinand, Hg. v. Modena,
Ezhg. v. Österreich-Este

7 **Hildegard Louise Charlotte**
(10. 6. 1825 – 2. 4. 1864)
1844 Albrecht Friedrich, Ezhg. v.
Österreich, Hoch- u. Deutschmeister

8 **Alexandra Amalie**
(26. 8. 1826 – 8. 5. 1875)
Äbtissin

9 **Adalbert Wilhelm**
(19. 7. 1828 – 21. 9. 1875)
25. 8. 1856 Amalia Felipe Pilar,
Infantin v. Spanien

2 **Leopold**
(9. 2. 1846 – 28. 9. 1930)
20. 4. 1873 Gisela, Ezhgn.
v. Österreich

3 **Therese**
(12. 11. 1850 – 19. 9. 1925)

4 **Arnulf**
(6. 7. 1852 – 12. 11. 1907)
12. 4. 1882 Therese,
Prn. v. Liechtenstein

7 **Wolfgang**
(2. 7. 1879 – 31. 1. 1895)

8 **Hildegard**
(5. 3. 1881–
2. 2. 1948)

9 **Notburga**
(19. 3. 1883 –
24. 3. 1883)

10 **Wiltrud**
(10. 11. 1884 –
28. 3. 1975)
26. 11. 1924 Wilhelm,
Hg. v. Urach u.
Württemberg

11 **Helmtrud**
(22. 3. 1886 –
22. 6. 1977)

12 **Dietlinde**
(2. 1. 1888 –
15. 2. 1889)

13 **Gundelinde**
(26. 8. 1891–
16. 8. 1983)
23. 2. 1919 Johann
Georg, Graf. v. Preysing-
Lichtenegg-Moos

7 **Irmingard Marie Josepha**
(* 29. 5. 1923)
20. 7. 1950 Ludwig, Pr. v. Bayern
Luitpold (* 1951)
Beatrix Wiegand

8 **Editha**
(* 16. 9. 1924)
I. Tito Brunetti, Dipl.-Ing.
II. Dr. med. Gustav
Schimert

9 **Hilda**
(*24. 3. 1926)
Juan Lockett de Loayza,
Großgrundbesitzer

10 **Gabriele**
(* 10. 5. 1927)
Carl, Hg. v. Croy

11 **Sophie Marie Therese**
(* 20. 6. 1935)
Jean Engelbert, Pr. u. Hg.
v. Arenberg

4 **Max Emanuel**
(* 21. 1. 1937)
Seit 18. 3. 1965
Herzog in Bayern
(durch Adoption)
Elizabeth, Gfn. Douglas

Die Autoren in alphabetischer Reihenfolge und Werke in Auswahl

**Prof. Dr.
Karl Otmar von Aretin**
*Em. Professor für
Neuere Geschichte an der
TU Darmstadt*

Dr. Richard Bauer
*Leiter des Stadtarchivs
München*

Prinzregentenzeit, München
und die Münchner in Foto-
grafien, Beck; Geschichte
Münchens – Vom Mittelalter
bis zur Gegenwart, Beck

**Prof. Dr.
Reinhold Baumstark**
*Generaldirektor der Bayeri-
schen Staatsgemäldesamm-
lungen, ehem. Generaldirektor des Bayerischen Nationalmuseums, Honorarprofessor
an der LMU München*

Alte Pinakothek – Die
Meisterwerke, DuMont;
Rom in Bayern. Kunst und
Spiritualität der ersten Jesui-
ten (Hrsg.), Ausst. Kat. 1997;
Das neue Hellas. Griechen und
Bayern zur Zeit Ludwigs I.
(Hrsg.), Ausst. Kat. 1999

Heiner Effern
*Oberbayern-Korrespondent
der Süddeutschen Zeitung*

Dr. Harald Eggebrecht
*Autor im Feuilleton der
Süddeutschen Zeitung*

Große Geiger, Piper

Dr. Peter Gauweiler
*Bundestagsabgeordneter und
Rechtsanwalt in München*

Bayerische Profile, herausg.
zus. mit Prof. Christoph
Stölzl, Langen Müller

**Prof. Dr.
Hubert Glaser**
*Em. Professor für Didaktik
der Geschichte an der LMU*

*München und ehem. Mitglied
der Leitung des Instituts
für Bayer. Geschichte an der
LMU München*

Wolfgang Görl
*Redakteur im München-Teil
der Süddeutschen Zeitung*

Der Prinzregent, die Schöne
und das Bier, Picus

Dr. Bernhard Grau
*Archivoberrat am Staats-
archiv München*

Kurt Eisner, Eine Biographie,
Beck; Die Zeichen der Zeit.
Alltag in München, 1933 bis
1945 (herausgeg. mit Prof.
Marita Krauss)

Manfred Hummel
*Redakteur im Bayernteil
der Süddeutschen Zeitung*

Dynastien – alte Familien in
Bayern aus Adel, Bürgertum
und Handwerk, (herausgeg.
zus. mit W. Eitler), SüdOst

Dr. Marcus Junkelmann
*Freier Historiker, Schwer-
punkt Militärgeschichte und
experimentelle Archäologie*

Das Spiel mit dem Tod.
So kämpften Roms
Gladiatoren, Zabern;
Hollywoods Traum von
Rom, Zabern; Napoleon und
Bayern. Von den Anfängen
des Königreiches, Pustet

Dr. Gottfried Knapp
*Architektur- und Kunst-
kritiker der Süddeutschen
Zeitung*

Neuschwanstein, Edition
Axel Menges; Engel in der
Kunstgeschichte, Prestel

**Prof. Dr.
Hans-Michael Körner**
*Inhaber des Lehrstuhls für
Didaktik der Geschichte an
der LMU München*

Geschichte des Königreichs
Bayern, Beck; Staat und
Geschichte im Königreich

Bayern, Beck; Große
Bayerische Biographische
Enzyklopädie, Saur

**Prof. Dr.
Ferdinand Kramer**
*Professor für Bayerische Ge-
schichte am Historischen Se-
minar der Universität München und Leiter des Instituts
für Bayerische Geschichte an
der LMU München*

Rückblicke des bayerischen
Ministerpräsidenten Alfons
Goppel (herausgeg. mit
Claudia Friemberger), Eos;
Residenz- und Bürgerstadt
Neuburg a.d.Donau (mit
Kocher, Nadler), Mat. z.
Bayer. Landesgesch., Bd. 19

Elke Reichart
*Freie Journalistin, arbeitet
für Zeitungen und Fernsehen*

Bodytalk, dtv/Hanser

Uwe Ritzer
*Franken-Korrespondent der
Süddeutschen Zeitung*

Claus Jürgen Roepke
*Oberkirchenrat a. D. und
ehem. Mitglied der Leitung
der evangelisch-lutherischen
Kirche in Bayern, ehem.
Direktor der Evangelischen
Akademie, Tutzing*

**Prof. Dr.
Hermann Rumschöttel**
*Generaldirektor der Staatli-
chen Archive Bayerns und
Honorar-Professor für Ge-
schichte an der Universität
der Bundeswehr München
in Neubiberg*

Das Kabinett Ehard,
Oldenbourg

Dr. Martha Schad
*Historikerin und
Buchautorin*

Bayerns Königinnen, Pustet;
Stalins Tochter, Lübbe;
Cosima Wagner und König
Ludwig II. von Bayern,
Piper; Königlich-bayerisches

Bierkochbuch, Rosenheimer;
Romanzen auf der Rosenin-
sel, Rosenheimer; Zu Gast
bei Kaiserin Elisabeth und
König Ludwig II., Collection
Rolf Heyne; Die Frauen des
Hauses Fugger, Piper; Frauen
gegen Hitler, Heyne

Toni Schmid
*Ministerialdirigent im
Bayer. Staatsministerium für
Wissenschaft, Forschung
und Kunst*

Kassian Stroh
*Landtagskorrespondent der
Süddeutschen Zeitung*

Christian Ude
*Oberbürgermeister der
Landeshauptstadt München*

Ich baue ein Stadion und
andere Heldensagen, Piper;
Meine verfrühten Memoiren,
Piper; Chefsache, Piper

Hermann Unterstöger
*Innenpolitischer Redakteur
der Süddeutschen Zeitung*

Das Streiflichtbuch, Verdeck-
te Ermittlungen zwischen
Himmel und Hölle, Süddeutsche Zeitung Edition

Dr. Johannes Willms
*Kulturkorrespondent der
Süddeutschen Zeitung mit
Sitz in Paris*

Napoleon. Eine Biographie,
Beck; Gebrauchsanweisung
für Frankreich, Piper;
Bismarck. Dämon der
Deutschen, Anmerkungen
zu einer Legende, Kindler

---

*Die Zeittafeln sind aus-
zugsweise entnommen aus
Zeittafeln zur Geschichte
Bayerns von Prof. Hans Rall,
erschienen im Süddeutschen
Verlag, sie wurden stellen-
weise für dieses Buch ergänzt*